MEMOIRE
en Images

CAMBO-LES-BAINS

Vue sur la vallée de la Nive. Edmond Rostand de dos ? : « *Le poète est semblable aux oiseaux de passage, qui ne bâtissent point leur nid sur le rivage…* »

MEMOIRE
en Images

CAMBO-LES-BAINS

Belxa

ALAN
SUTTON

Dans la même collection

Département des Pyrénées-Atlantiques

Bayonne de Nive et d'Adour
Biarritz I
Biarritz II
Biarritz III
La Côte Basque (de Guéthary à Hendaye)
Pau
Saint-Jean-de-Luz et Ciboure
Salies-de-Béarn et son canton

Département des Landes

Aire-sur-l'Adour
Boucau et Tarnos
Dax et ses environs
Mimizan
Mont-de-Marsan

De nombreux ouvrages ont été publiés dans les autres départements français.
Un catalogue de plus de 1 000 titres est disponible sur simple demande
auprès de votre libraire ou aux Editions Alan Sutton.

Editions Alan Sutton
8, rue du Docteur Ramon
37540 Saint-Cyr-sur-Loire

Première édition septembre 2004

ISBN 2-84910-119-2

ISSN 1355-5723

Dépôt légal : septembre 2004
Imprimé en Grande-Bretagne par Oaklands Book Services Limited, Gloucestershire

Sommaire

Préface

La volonté de servir la mémoire collective d'une commune ou d'un territoire, à travers divers documents d'époque, est une heureuse initiative... En permettant de rassembler les collections de personnes jusque-là anonymes et de les faire connaître à un large public, l'éditeur va fournir à nos concitoyens l'occasion de se plonger dans leur histoire commune.

Le premier quart du XXe siècle a été particulièrement brillant pour Cambo. Le développement du climatisme et du thermalisme, l'installation d'Edmond Rostand à Arnaga ou encore la carrière prodigieuse du pelotari Chiquito, ont largement contribué au renom de notre petite cité basque et à son développement.

Aujourd'hui encore, bien des éléments dans l'architecture, dans l'urbanisme ou dans les traditions locales sont encore les témoins de cette riche période.

Il faut féliciter une jeune femme de Cambo, Belxa, dont les talents d'écrivain et de journaliste sont appréciés, d'avoir accepté de réaliser cette « mise en scène littéraire » de tous ces documents, en proposant un commentaire précis et rigoureux, mais aussi original, subtil et poétique, qui passionnera, je l'espère, les lecteurs de ce livre.

Vincent Bru
Maire de Cambo-les-Bains
Conseiller général

Introduction

Que dire de Cambo si ce n'est que c'est une ville d'eau ?

Une ville située en plein cœur du Pays basque, entre rives côtières et ruisseaux montagneux. Une commune qui en 1900 était composée d'une population de 2 300 habitants et qui a connu ses heures de gloire en voyant arriver en son sein toutes les célébrités de la Belle Epoque avec, en tête de liste, l'écrivain français Edmond Rostand, l'auteur incontournable de *Chantecler* et bien sûr de *Cyrano de Bergerac*... Un Rostand fatigué est venu résider à Cambo, attiré par son climat et sa tranquillité, sur les conseils de son ami le professeur Grancher. Ce dernier, arrivé dans la cité thermale en 1892 pour se soigner, y construisit la villa Rosaenia et, au final, fut élu premier magistrat !

Un Rostand qui quitte sa première demeure camboarde, Etxegorria, après avoir construit le domaine d'Arnaga situé sur un vaste terrain près d'Urkudoya, aux abords du ruisseau Arraga : la municipalité a depuis fait d'Arnaga un musée et Cambo-les-Bains est devenu une grande cité climatique, aujourd'hui orientée vers la cardiologie, les voies respiratoires et la rééducation fonctionnelle.

Un Cambo-les-Bains lié à ses eaux et à son climat, considéré en son temps comme « tonique et sédatif », protégé en effet des vents du sud par la chaîne des Pyrénées, des vents du nord par les collines de son quartier bas : le Bas-Cambo... Un quartier des plus pittoresques composé de maisons traditionnelles, qui s'ouvre ou plutôt qui s'ouvrait sur un port fluvial prenant appui sur les cours de la Nive.

Un Cambo ouvert sur l'océan Atlantique vers l'ouest, aéré par les vents de la mer distante de 20 km, des vents en douceur arrêtés par le mont Ursuya qui surplombe avec majesté le quartier des Thermes.

La découverte d'un petit fascicule datant de 1913 sur le *Cambo climatérique, pittoresque et thermal*, édité à l'époque par l'agence Marchand, explique d'une façon que l'on peut s'accorder à trouver aujourd'hui amusante pourquoi Cambo peut être considéré comme une destination à la fois « tonique et sédative ». Petits extraits choisis : *« le climat de Cambo est tonique du fait de la double proximité dans laquelle cette station se trouve de l'océan et de la montagne, mais ajoutons qu'il emprunte au régime des pluies (fréquentes) des propriétés sédatives importantes et précieuses surtout de par leur association avec l'élément tonique du climat dont elles assagissent les effets dans ce qu'ils peuvent avoir de trop marqué ou excitant... vis-à-vis de certains sujets qui ont besoin d'être calmés plutôt que stimulés, tout en demandant aussi à être tonifiés... »* Cambo, une destination de rêve pour les stressés ?

Parcourons sa « mémoire en images » afin de le vérifier des images datant pour la plupart du début du XXe siècle. Des images désormais centenaires, qui appellent à découvrir les quartiers composant ce que l'on appelle le Vieux-Cambo, et qui ont pour particularité de suivre le prolongement du cours de la Nive.

Entre église, terrasses, quartiers des Thermes et du Bas-Cambo, un parcours de Cambo au fil de l'eau...

1
L'église : une certaine vue sur la Nive

L'église de Cambo, édifiée au XVIIe siècle, a la part belle dans le paysage de la cité, surplombant le cours de La Nive et dominant la plaine du quartier bas de la ville, à juste titre dénommé le Bas-Cambo. Une église dédiée à son saint : saint Laurent et qui, à Cambo comme partout ailleurs au Pays basque, tient une place centrale dans le cœur de la commune et des hommes qui la composent. Un « espace sacré » qui, traditionnellement, est entouré d'un cimetière, ce qui est vrai à Cambo jusqu'en 1930. L'église Saint-Laurent domine la Nive et offre un point de vue exceptionnel sur la basse ville. Elle sera le point de démarrage de notre balade au cœur du Vieux Cambo, qui suivra avec naturel les courbes des eaux de la Nive, située juste en contrebas... Des eaux qui, on le verra, ont joué un rôle de première importance dans l'histoire de Cambo. Cambo ou Cambo-les-Bains doit en effet son nom à sa source thermale, le radical « cam » en basque désignant la proximité d'une source... Une église, une source, tous les éléments sont réunis pour trouver de « bonnes eaux » à Cambo ! Pour la petite histoire : pendant la Révolution, le Camboard Dominique de Sorhainde est intronisé « curé constitutionnel » de Cambo... Il finira par se marier... La famille est réfractaire et son neveu Salvat, également prêtre, finit, quant à lui, guillotiné à Bayonne ! L'église de Cambo, dédiée à saint Laurent, est dotée d'un magnifique retable du XVIIe siècle et dispose de tribunes édifiées sur trois étages. Son porche abrite une statue de saint Léon offerte en 1728 par Marie-Anne de Neubourg, reine douairière d'Espagne. De style labourdin, elle a été agrandie et rehaussée à plusieurs reprises et son aménagement intérieur, au cours des siècles, a été amélioré et retouché. Autour de l'église jusqu'au début des années trente, on trouve le cimetière, composé de belles stèles tabulaires. Mais voici qu'il est l'heure de la sortie de la messe dominicale, toujours sacrée au Pays basque, avec d'un côté les hommes qui ont prié depuis les galeries et de l'autre les femmes, sagement placées dans le chœur de l'église... Suivons leur cheminement !

Sortie des hommes de l'église par l'escalier extérieur…

Le retable de l'église Saint-Laurent est d'apparence simple et modeste, porteur d'une travée unique. Avec un peu d'attention, on peut remarquer sur cette photo que l'autel se trouve en haut des marches, contre le retable. Ce n'est plus le cas depuis des décennies… Retable bâti dans le plus pur style baroque, il a pour but d'attirer l'œil des fidèles d'ouest (symbole de la mort) en est (symbole de la vie). A l'est sont situés le chœur et l'autel principal. Le retable de l'église de Cambo est relativement simple, sans travée apparente. Au-dessus des colonnes qui l'entourent et le composent, on peut remarquer des « pots à feux », caractéristiques de l'art baroque. Le tableau central, vraisemblablement du XVIIe siècle, représente le martyre de saint Laurent, qui périt par le feu. Un ange avec une couronne et une palme complète le tout. Autour du tableau enfin, deux colonnes torses, dites salomoniques, possèdent en leurs deux extrémités des têtes humaines. La voûte de l'église, même si on ne le voit pas ici, peinte en bleu azur, est parsemée d'étoiles d'argent…

Le cimetière entoure traditionnellement son église au Pays basque, mais de nombreuses exceptions ne confirment pas la règle. Ce fut le cas à Cambo jusqu'au début des années trente, période à laquelle le cimetière fut déplacé non loin de l'une des entrées de la ville. L'aménagement paysager actuel garde le souvenir du cimetière, tel qu'on peut le voir ici, composé de quelques stèles discoïdales (dont certaines du XVIIe et XVIIIe siècles) à l'esthétique basque marquée. Au Pays basque, en effet, l'art funéraire est original dans sa conception. Souvent taillées dans le granit, les stèles sont ornées de symboles solaires et de motifs végétaux. Les stèles seront supplantées par la croix avant de disparaître au XIXe siècle, mais elles connaissent aujourd'hui un certain renouveau, même à Cambo !

Il est important de dire que le cimetière, comme l'église *(eliza)* et la maison *(etxe)*, sont pour les Basques des espaces sacrés qui ouvrent la voie à des rituels qui perdurent encore de nos jours… A l'église, les hommes et les femmes avaient traditionnellement des places qui leur étaient affectées. Les femmes, étant chargées du culte des morts, devaient occuper les places contenues dans la nef, les hommes gardant la primeur de l'occupation des galeries…

Le point de vue représenté sur cette photographie nous donne une première idée du paysage en contrebas de l'église, située dans le quartier haut de la ville. Le curieux qui veut porter son regard sur la basse ville, également dénommée le Bas-Cambo, ne peut être que ravi par la perspective d'ensemble…

Voici une perspective d'ensemble qui peut être appréhendée à deux niveaux. Premier niveau : vue de l'église sur la montagne qui porte le nom d'Ursuya, culminant à 680 mètres d'altitude. Un mont Ursuya qui s'élève avec majesté au-dessus des villages qui l'entourent : Cambo, mais également Mendionde, Macaye ou Hasparren… « *De ses pentes rapides jaillissent des sources aux eaux fraîches et légères, tandis que sur les hauteurs quelques bosquets jettent leurs ombres sur les bergeries où le soir les troupeaux se retirent pour passer la nuit…* » (extrait du *Cambo-Guide* 1913).

La découverte du mont Ursuya depuis Cambo était proposée aux promeneurs du début du XXe siècle, faisant partie intégrante d'un circuit d'excursion à ne pas manquer. Le temps a passé et gravir les pentes de l'Ursuya suscite toujours l'engouement des promeneurs et marcheurs. De même, les eaux de l'Ursuya n'ont de cesse de susciter l'intérêt…

Second point de perspective depuis la place de l'Eglise : la Nive, qui au gré de ses courants, mène le promeneur à la poursuite de sa quête… *« Quoi de plus agréable, de plus émotionnant que de suivre le cours capricieux de cette rivière dont les eaux transparentes étincellent au soleil… »* (extrait du *Cambo-Guide* 1913). Au pied de l'église donc, un tournant sur la Nive, comme l'atteste la vue ci-dessus, prise en 1906. En tout petit, au milieu et sur la droite, on découvre des embarcations… Les couloirs de la Nive, on le verra, sont en effet à l'époque régulièrement fréquentés par les promeneurs et les chalands. Ils seront peu à peu abandonnés, pour un jour peut-être être réhabilités… Une idée toujours d'actualité !

Cette photographie date de 1901, elle nous permet de nous remémorer un événement d'importance, quoique antérieur d'un an : la désignation du professeur Grancher comme maire de Cambo-les-Bains. Surnommé à Paris par ses étudiants le Grand Vicaire, le professeur de renom est, du moins au début, perçu par la population locale comme un bienfaiteur. Il prend place à la tête de la municipalité le 29 août 1900. Dès son entrée en fonction, il est sollicité par le ministère de l'Education qui demande la création d'une école publique pour les filles dans le Haut-Cambo où n'existe encore qu'une école privée… Suivi par son conseil municipal, Grancher émet un avis opposé et le défend devant le préfet et le gouvernement de l'époque… Il est réélu maire de Cambo quatre ans plus tard, par 13 voix sur 14. Au rang de ses projets : la construction d'une école des filles pour remplacer l'établissement congréganiste qui doit être fermé conformément à une loi votée le 7 juillet 1904… La séance du conseil du 30 septembre 1904 est consacrée au problème de l'école. Il s'agit d'abord de choisir son emplacement, ce qui suscita quelques remous au sein de la population camboarde… Le 20 janvier 1905, le conseil donne à son maire le pouvoir de passer l'acte d'achat. Deux projets de création font l'objet de longs débats. Le conseil rejette le projet le plus onéreux pour retenir à l'unanimité celui, estimé à 60 000 francs, permettant la création de 4 classes. Mais l'agitation générée par le dossier des écoles à Cambo grandit…

… le docteur Juanchuto, adjoint, assure à la place du maire la maîtrise des différentes discussions au sein de la municipalité et ce jusqu'à l'annonce officielle de la démission de monsieur Grancher lors de la réunion municipale du 5 novembre 1905. Le conseil municipal, en réponse à cette démission, adresse au professeur Grancher une longue résolution : *« le conseil municipal de Cambo, réuni pour la première fois depuis que le maire a donné sa démission, adresse au professeur Grancher l'expression de son vif et sincère regret »*. Le professeur Grancher ne tarde pas à donner sa réponse au conseil municipal, qui est inscrite au registre des délibérations du 17 novembre 1905. Extraits choisis : *« Vous voudrez bien reconnaître que les dissentiments politiques qui nous divisent rendaient cette décision nécessaire… L'abattoir, les écoles, créées ou en voie de création, l'hôtel des postes, le jardin public, le téléphone, la lumière électrique ont, au cours de cette époque, embelli et transformé la ville de Cambo et sont le témoignage de notre activité. Vous voudrez bien nous promettre, à madame Grancher et à moi-même, de garder le souvenir du bien que nous avons fait à Cambo… »* Le professeur Grancher, suite à cette lettre, ne revint à Cambo que pour un bref séjour, en avril 1907. Il n'assista pas à l'inauguration des écoles catholiques le 5 mai 1907, illustrée sur cette photo. Atteint d'une affection pulmonaire, il s'éteignit deux mois plus tard, le 1er juillet 1907. Une page est tournée… Cent ans plus tard, en octobre 2004, la mairie de Cambo honorera la mémoire du professeur Grancher et une effigie en bronze installée dans un square de la ville à son intention… L'histoire continue… !

Notre chemin à la découverte de Cambo est encore long et nous quittons la place de l'Eglise non sans avoir jeté un dernier regard sur le panorama qui est offert à notre vue. Une vue générale sur le quartier haut et le quartier bas. Une vue générale sur la vallée de la Nive et les monts alentour. Une vue générale de Cambo, toujours au fil de l'eau…

Cambo se compose de trois quartiers principaux : le Haut-Cambo, le Bas-Cambo et le quartier des Thermes. Depuis la rue des Terrasses qui se trouve à la continuité de la place de l'Eglise, la vue sur le Bas-Cambo est des plus pittoresques. Cette charmante vision est quasi identique aujourd'hui... Petits extraits choisis du *Cambo-Guide* de 1913 : « *De ce point se dégage le paysage le plus pittoresque et le plus varié que Cambo puisse offrir à ses visiteurs. C'est d'une part la grande plaine du Bas-Cambo, au fond de laquelle s'entassent quelques maisons formant le quartier du même nom. Rien de plus ravissant que ce tableau champêtre aux couleurs vivantes, où tout est vrai, depuis le paysan qui sommeille à l'ombre d'un gros chêne jusqu'au bœuf qui, accroupi sur l'herbe, rumine et rêve au soleil...* »

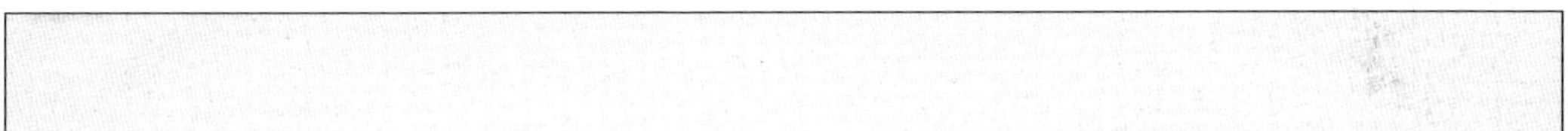

Cet attelage basque du début du XXe siècle est des plus classiques. Il aurait pu se trouver n'importe où mais a la particularité de s'être arrêté sur la rue des Terrasses, qui, comme son nom l'indique, est une voie ouverte sur les paysages en contrebas qui composent la plaine du Bas-Cambo. Le maître de l'attelage parle-t-il basque ? Nul ne saurait le dire… On a peu d'éléments sur le nombre de personnes maîtrisant la langue basque à Cambo aux alentours de 1900, qui comptait à l'époque environ 2 300 habitants. Extraits choisis d'un *Cambo-Guide* : « *Le Bas-Cambo forme un véritable petit village basque qui donne une idée de ce peuple euskarien à l'allure indépendante et fière, à la langue mystérieuse…* »

Même s'il est certain que le « cœur basque » de Cambo se trouve au Bas-Cambo, il est évident que le plateau que compose le Haut-Cambo a permis le développement administratif, économique et social de la ville. En face de la place-terrasse des Platanes, une usine est là pour le confirmer…

L'hôtel de France, situé près de l'église, est cité comme l'un des meilleurs hôtels de Cambo et conseillé aux non-résidents en villégiature ou en cure. Il est idéalement situé sur la place des Terrasses, qui domine le paysage offert en contrebas par les plaines du Bas-Cambo. De nombreux hôtels (ou pensions de famille) de ce type composent le paysage de la ville de Cambo, qui devient rapidement une station renommée en matière sanitaire et thermale. Cette renommée perdure encore…

L'USINE À VAPEUR FAGALDE PRÈS DE L'ÉGLISE DE CAMBO, VERS 1900.

. Dessin Gilbert DESPORT.

Ci-dessus, un dessin de Gilbert Desport vers 1900. En attendant, faisons comme notre promeneur un arrêt au pied de l'usine appartenant à la famille Fagalde, une usine affectée à la fabrication de chocolat, une maison fondée en 1787… Le *Cambo-Guide* de 1917 mentionne en effet la Maison Fagalde et la recommande expressément aux touristes qui pourront y acheter et consommer le Bonbon Rostand, assurément fort apprécié à l'époque. Ce Bonbon Rostand n'existe plus désormais… Mais il a été remplacé par la Tartelette Amandine, en référence à Rostand qui, dans *Cyrano*, en dévoilait déjà la composition… (cf. p. 43). Les Tartelettes Amandines sont depuis en vente à Cambo, rue des Terrasses… Une rue des Terrasses qui arrive à point nommé afin de nous livrer ses secrets…

2
Sur les terrasses de la ville

La rue des Terrasses offre une perspective générale de Cambo intéressante avec, d'un côté, la vallée de la Nive et, de l'autre, des maisons anciennes, dont une essentielle : la Maison du chocolat de la famille Fagalde. Cambo-les-Bains partage avec Bayonne le titre de Patrie du chocolat. Cette renommée est ancienne, et il est intéressant de remonter quelque peu le temps afin de donner à ce sujet des éléments de référence clés. Un nom apparaît dès l'origine de cette renommée « chocolatière » : celui des Fagalde. A Cambo, en effet, c'est surtout grâce aux Fagalde que le chocolat tient une place importante dans la vie économique et gastronomique de la cité. Originaire de Hélette, le fils aîné de la famille Fagalde décide un jour de s'installer à Cambo. Selon la légende, il serait arrivé à Cambo avec, pour seul équipement, sa pierre à chocolat, sur laquelle est mentionnée une date : 1787. Tous les écrits du premier quart du XXe siècle font référence à cette date, qui est considérée comme l'année officielle de la fondation de la Maison Fagalde... En 1802, Jean Fagalde décide de s'établir dans la ville thermale, qui présentait l'avantage d'accueillir des touristes aisés, et de ce fait des clients potentiels pour son chocolat ! En qualité de propriétaire de l'usine chocolatière, Jean Fagalde entreprend de contracter un emprunt dans le but de remettre en état les sources thermales de Cambo, dont les aménagements ont été abandonnés depuis de nombreuses années. Entre l'eau et le chocolat, conduisant dès lors de front ces deux entreprises, Jean Fagalde devient, au fil du temps, un personnage central dans la cité et son nom est même associé *« aux nombreux miracles de guérison qui s'opèrent à Cambo... »* (citation d'un visiteur anonyme en 1831). Les Fagalde se succèdent et la chocolaterie bénéficie pendant longtemps d'une excellente réputation. « *La fabrique de Fagalde père et fils jouit d'une confiance générale et bien méritée : un choix rigoureux des matières premières, une fabrication habile, une réputation de probité qui ne s'est jamais démentie, lui ont conquis les sulfates des amateurs de chocolat et les fins connaisseurs louent l'agréable parfum et l'exquise délicatesse de ses produits...* » (C. Duvoisin, *Cambo et ses alentours*, 1858). Il faut dire que, en 1855, Fagalde à Cambo (et Claudeville à Labastide-Clairence) sont les seuls et premiers à fabriquer du chocolat « mécaniquement ». Ils furent pour cela invités à l'Exposition universelle de Paris la même année... La maison Fagalde de Cambo y reçut une mention honorable pour sa fabrication chocolatière mécanisée. Jean Fagalde dota de ce fait notre région de la première usine à vapeur, qui permit la production en nombre du célèbre chocolat de Bayonne.

La propriété Fagalde existe toujours et arbore deux belles façades sur l'esplanade de la rue des Terrasses, dont une donnant à l'arrière sur un parc. La famille Fagalde, on l'a vu, a laissé des traces à Cambo dans le domaine de la fabrication du chocolat. C'est également le cas dans le domaine du politique, dans la mesure où de nombreux membres de la famille Fagalde ont intégré les rangs de diverses municipalités. Devenu finalement maire de la commune de Cambo en 1858, (1858-1860) notre Jean Fagalde passe le relais à son fils Pierre, qui, lui, est élu trois fois, de 1874 à 1876, de 1878 à 1880 et de 1888 à 1896. Jules Fagalde succède à ce dernier pour exercer à Cambo pendant onze années la fonction de premier magistrat (1908-1919). Pour la petite histoire : en 1892, le professeur Grancher vient s'installer dans la cité thermale, notamment sur les conseils de la famille Hameau, dont la fille n'était autre que l'épouse de Pierre Fagalde, alors en exercice en qualité de maire...

« Aux petits oiseaux Dieu donne sa pâture. » Sur l'avenue des Terrasses, on trouve l'hôtel Bellevue, qui propose aux alentours des années 1900 des appartements et des chambres à louer. Une inscription à gauche sur le panneau situé en face du balcon où se trouve le curé confirme cet état de fait… L'hôtel Bellevue était l'ancien relais de poste, doté de portes cochères qui ont désormais laissé la place à des baies vitrées. Sur les façades, des balcons en fer sont soutenus par des balustres en fonte. A côté de l'hôtel Bellevue, un peu plus loin, on peut trouver le Saint-Laurent, qui présente également une belle façade avec trois séries de balcons en bois et fer forgé (non visible sur la photo).

A l'entrée de la rue, on peut remarquer la maison Amarena avec ses balcons en fer et ses verrières, qui appartenait à l'une des nièces du créateur du trinquet de Cambo : monsieur Ithurbide. Ensuite, on devine la maison Haritchenea (elle comprend sur sa façade principale un porche en pierre et des fenêtres à traverses), qui au rez-de-chaussée accueillait boulanger, coiffeur ou encore brocanteur…

Très belle vue de la rue des Terrasses : la terrasse de l'hôtel Bellevue... Thé, limonade et chocolat bien sûr sont servis aux clients de l'hôtel de passage. Un hôtel Bellevue qui, au début du XXe siècle déjà, disposait de tout le confort moderne et servait à la fois de restaurant et de pension de famille.

A côté de l'hôtel Bellevue : l'hôtel Saint-Laurent qui, après la seconde guerre mondiale, servit un temps de dépôt. Les deux hôtels existent toujours en tant que tels. Le charme et le raffinement discrets inhérents aux deux maisonnées demeurent...

Ici, une vue paysagère de l'arrière de l'hôtel Bellevue. L'allée menant à l'hôtel est agrémentée d'hortensias, qui sont les fleurs symboles de la ville de Cambo-les-Bains.

Cette vue, prise des Terrasses, nous laisse entrevoir le cœur de la vieille ville et, sur la gauche en contrebas, une amorce de la magnifique vue sur la Nive… Mais tout d'abord descendons la rue en contrebas !

Une fois parvenu au centre de la rue des Terrasses, le passant a le choix entre bifurquer sur la gauche et descendre la petite ruelle pour rejoindre le quartier Xerri-Karika (en français la rue des Cochons) ou continuer et passer son chemin pour plus bas atterrir sur la place du Trinquet…

Si on décide de la première option et donc, de bifurquer à gauche en direction du quartier Xerri-Karika, la perspective depuis l'avenue des Platanes est telle que en contrebas, se profile déjà le quartier bas de la ville, qui est séparé du Haut-Cambo par l'eau.

Dernière vue panoramique depuis la rue des Terrasses avec, ici, un détail important : la perspective de la montagne ou du mont dit de l'Ursuya. D'une altitude de 680 mètres, on peut atteindre son sommet en démarrant d'un chemin situé entre les communes voisines d'Urcuray et Hasparren, après avoir quitté Cambo en prenant la route des Thermes. Tout au fond à gauche, on aperçoit le fronton de Cambo.

LL 7 CAMBO-les-BAINS La Haute ville et la Vallée de la Nive

La haute ville et la vallée de la Nive sont une image classique du Vieux-Cambo. Un pont sépare les deux quartiers du Haut et du Bas-Cambo. Nous retrouverons ce pont quand il nous faudra traverser le cours d'eau scindant la commune de Cambo.

La procession de la Fête-Dieu, qui a lieu traditionnellement en juin, est en train de descendre la rue des Terrasses avec en son centre un soldat napoléonien. La Fête-Dieu ou *Besta Berri* en basque est une tradition basque dansée qui trouve son expression dans le mélange du profane et du sacré. L'ensemble danse dans l'église et effectue une procession sur la place principale ou comme ici autrefois dans les rues. Dans la province du Labourd, la Fête-Dieu revêt des allures quelque peu militaires avec des personnages comme le capitaine, les sapeurs, ou encore le *makilari*. Certains villages (Louhossoa, Iholdy, Bidarray…) continuent de nos jours à maintenir ou à réhabiliter la tradition de la procession costumée de la Fête-Dieu.

Ici des *makilaris* de Cambo (date inconnue). Ces « danseurs jonglant avec un bâton » ont, cousues sur le côté de leur pantalon, des clochettes. Pour la petite histoire : une note du 30 mai 1630 des archives de Legazpia (en Guipuzcoa) renforce l'importance des grelots dans les danses basques. Plus tard, l'emploi de ces sonnailles fut largement condamné au début du XVIIe siècle par Pierre de Lancre en Labourd…

Ici, une vue du centre de la rue des Terrasses, côté droit. On devine la devanture d'un cordonnier et tout à fait sur la droite, en haut des marches, une pension (Hardoy) avec des appartements garnis (aujourd'hui, on dirait meublés) à louer… Au début du XXe siècle, on trouvait sur la rue des Terrasses (pêle-mêle, et la liste est loin d'être exhaustive) : la Maison Danglade, la boulangerie Lissarague, la mercerie-épicerie de R. L'Hermite, la pharmacie basquaise Teillery, la quincaillerie-ferblanterie Halty, la draperie-bonneterie des dames Larre ou encore la boutique du « Tailleur à façon et sur mesure » Mendiboure et celle des Souvenirs du Pays basque de P. Sarru… Une rue des Terrasses assurément des plus commerçantes, comme c'est toujours le cas aujourd'hui.

Plus bas une vue de la rue des Terrasses, côté droit. Non loin de là, une automobile attend son chauffeur. Faisons encore quelques pas…

Notre promenade nous mène au bout de l'avenue des Terrasses, qui était autrefois la rue principale de Cambo, la grande rue de la cité. Elle était communément empruntée par tous et notamment par les diligences qui s'y arrêtaient afin de déposer les voyageurs et d'acheminer le courrier. Avec la rue Xerri-Karika et la rue Chiquito, la rue des Terrasses est un témoin du passé, une fenêtre ouverte sur le cœur du Vieux-Cambo… En son sein reposait même une abbaye : un reste de cintre en pierre de taille gravée est toujours là pour en témoigner… Fort fréquentée, elle était un formidable lieu d'échanges et était assurément l'une des avenues les plus animées du début du XXe siècle. Sa parallèle, l'avenue Rostand a depuis pris le relais en terme de circulation. Mais la rue des Terrasses a finalement peu changé et reste l'une des rues les plus typiques et plaisantes à découvrir si on veut se donner la peine de la traverser. Il suffit, pour ce faire, de se laisser porter par son doux dénivelé qui nous mènera tout droit au trinquet.

3

Au cœur du Vieux-Cambo

En 1897, le trinquet Ithurbide est créé dans la station thermale, en plein cœur de la ville. Nous pouvons, en effet, considérer que nous sommes ici au cœur du Vieux-Cambo. Le trinquet porte toujours le nom de son fondateur : Bertrand ou « Pettan » Ithurbide, originaire de Bidarray. Pettan Ithurbide, qui joua un rôle important dans l'éducation du jeune joueur de pelote (*pelotari* en basque) Joseph Apestéguy, autrement plus connu sous le surnom de Chiquito ou encore de Chiquito de Cambo. Joseph Apestéguy est le fils de Jean Apestéguy, facteur des postes, et de Joséphine Irigoyen. La famille de Chiquito était ainsi composée : Pierre François, né à Menta près de la villa des Coqs, qui fut surnommé Gambetta à cause de son œil borgne, Jean-Pierre Léon et Bernard Joseph (Chiquito), nés tous deux à Harambidea, Elisa, Gracieuse, Clothilde, Henri, Félix, Marie (surnommée Marion), Jean-Pascal et Jean-Vincent, tous nés à Etchegorria, et enfin de Robert, né à Xurutenia, près du trinquet. La famille est nombreuse et désargentée... Chiquito enfant erre aux abords du trinquet où il est choyé par le propriétaire. Son adolescence, il la passe là, ou encore juste à côté, sur le fronton, s'adonnant au « petit gant » avec autant de verve que d'enthousiasme... Deux de ses frères sont de même des *pelotaris* confirmés : Jean-Pascal et surtout Gambetta. Chiquito joue sa première partie à Sare à 13 ans, aux côtés de son frère Gambetta. Les experts du monde de la pelote disent de lui que c'est un phénomène... Un autre phénomène de la pelote, plus âgé que lui, « Du », mène alors la danse dans le domaine de la pelote, écrasant tous ses adversaires. Les deux hommes se rencontrent et apprennent à s'estimer. Mais à compter de 1899, et plus précisément du 23 septembre de cette année, c'est Chiquito qui prend le dessus dans une partie retentissante à Cambo, où le jeune *pelotari* camboard écrase Du par 60 à 33. La foule est en liesse et Chiquito de Cambo est sacré champion du monde. Cent ans après, une plaque immortalisant l'événement, créée par Jean Duhau, est posée sur le fronton. Les années passent... En 1934 et 1935, on décerne à Chiquito la médaille d'or de l'Education physique, la croix de la Légion d'honneur et la croix des braves destinée au « Poilu et au porte-drapeau national de la pelote » Les obsèques de Chiquito ont eu lieu à Cambo le 29 décembre 1959. Seul son frère Félix y assista...

Une rue porte toujours son nom. Située entre le trinquet et le fronton de Cambo, elle est toujours caractéristique du Cambo d'autrefois, ayant gardé un visage très pittoresque. Parallèle à cette dernière, sur la gauche, on retrouve la rue Xerri-Karika qui, si on suit sa pente, nous mène tout droit vers le quartier bas. Mais laissons d'abord le Vieux-Cambo nous dévoiler son cœur… Plaque réalisée par Jean Duhau, du Bas-Cambo.

Après le trinquet Saint-Jaymes de Saint-Palais, le trinquet de Cambo faisait à l'époque figure d'établissement luxueux. Il fit l'objet de nombreuses propositions de rachat mais Rosalie, l'une des quatre filles de P. Ithurbide (par ailleurs fervente admiratrice des joueurs de pelote Chiquito et Léon Dongaïtz) n'eut de cesse de les refuser.

Rosalie Ithurbide vouait un véritable culte au champion de pelote basque Chiquito de Cambo, elle lui dédia une plaque commémorative, qui fut placée sur un mur en bordure de rue. A la mort de cette dernière, le trinquet resta pendant longtemps silencieux, pour ensuite connaître une nouvelle vie, qui a perduré jusqu'à aujourd'hui.

Ici, une très ancienne vue du trinquet et de sa place. La façade a été complètement modifiée par la suite et la maison, qui au départ était petite, a été agrandie à l'arrière et du côté de la route. On peut lire sur le panneau de la façade principale : « *chocolat, pâtisserie* ». Certains des arbres ici présents n'existent déjà plus au début du XXe siècle. Autre détail : point d'escalier extérieur menant à l'intérieur sur la gauche de la demeure. La date de la photographie est inconnue.

Joseph Apestéguy, dit Chiquito, est né le 20 mai 1881 à la maison Harambidia, au Bas-Cambo. Il est, dès son adolescence, remarqué pour ses talents de *pelotari*. Chiquito est ainsi sacré champion du monde le 23 septembre 1899 à Cambo, en écrasant Du 60 à 33, devant une foule en liesse. Soutenu par son impresario Joseph Jaurretche, il est, à 19 ans, à son apogée. Il est sans conteste considéré par les connaisseurs comme le joueur complet par excellence, passant avec talent du grand gant à la main nue… Le 29 août 1939, Chiquito joue sa 2 000e partie à Ithurbide. Il revêt ensuite pendant près d'un an l'uniforme de gardes-champêtre pour la ville de Saint-Jean-de-Luz. Mais, faute de n'avoir pu penser à son avenir, Chiquito, sans nul doute encore fort admiré, vécut les dernières années de sa vie dans un dénuement total, sans un proche parent et surtout sans le sou. Il disposait près du port d'une modeste chambre… C'est la Fédération de pelote qui acquittait sa pension ! Les lendemains de la seconde guerre mondiale sont pour lui signe de tristesse dans la mesure où il entame dès 1946 sa tournée des adieux. Il s'endort à jamais le 29 décembre 1950, pour reposer en paix dans une tombe toute simple, de style typiquement basque, dans le (nouveau) cimetière de Cambo-les-Bains. La ville et l'office de tourisme de Cambo célèbrent tous les ans en septembre les Journées Chiquito, honorant ainsi à leur manière l'un des plus grands joueurs de pelote de tous les temps.

A Cambo, trois places fortes pour la pelote : un trinquet et deux frontons (autrefois également dénommés places du Jeu de paume), dont un au Bas-Cambo, plutôt réservé aux parties à main nue. Là se retrouvaient chaque année les plus grands champions étrangers ou locaux, et notamment Chiquito… La pelote reste toujours le sport basque par excellence. Différents championnats ou concours professionnels ou amateurs sont organisés, à Cambo ou ailleurs…
Résumé succinct sur l'histoire de la pelote basque *(pilota)* : au début du XIXe siècle, les basques introduisent le caoutchouc dans les pelotes jusque-là constituées de coton, de cuir, de laine et de fil. Entre 1820 et 1850, le jeu de blaid ou *pleka* en basque prend petit à petit le dessus sur les jeux classiques où les équipes jouaient face à face. Une nouvelle invention en 1857 révolutionne le jeu, quand le cuir des gants est remplacé par de l'osier : le « chistera » est né…
Chiquito de Cambo, quant à lui, naîtra un peu plus tard…

Nous sommes sur l'une des places fortes du Vieux-Cambo, et à l'intersection de plusieurs options de destinations. Place typique, elle n'est plus désormais la place de la Fontaine mais la place du Trinquet. Au fond à droite, sur la rue aujourd'hui appelée rue Chiquito, on voit une maison qui faisait office de café central. L'enseigne Au vrai gâteau basque ne certifie pas en son sein l'existence d'une pâtisserie, mais il est fort probable que, rue Chiquito, on trouvait à coup sûr ledit gâteau… D'où la question : le gâteau basque est-il originaire de Cambo ?

De la place du Trinquet, on a le choix entre descendre vers la rue Xerri-Karika, ou prendre la rue Chiquito qui mène tout droit au fronton portant le même nom. Sur la droite, on remarque une petite cahute rayée (qui a été déplacée par rapport à la photo précédente), qui était dans les faits le « poids public », ou lieu de pesage des marchandises ou animaux composant les attelages. En face du poids public, une épicerie (alimentation générale) Francisco a autrefois existé.

La borne fontaine, idéalement placée sur cette place centrale, servait à alimenter en eau potable les Camboards et les visiteurs de l'époque. La carte-photo, qui a dans les faits (comme on peut le constater ici) été utilisée en guise de carte de correspondance, a été envoyée de Cambo-les-Bains à son destinataire en septembre 1912. L'expéditeur est assurément une personne venue tirer profit des bienfaits des eaux de Cambo. On peut notamment lire sur la carte : *« Toujours la même chose, les progrès sont très lents, mais depuis le changement de temps, il y en a, c'est toujours cela. La borne fontaine continue toujours à faire affaire, pourvu que cela dure… »* Le patronyme de Cambo-les-Bains, on le verra, accorde une place de premier ordre à ses eaux et plusieurs sources (ferrugineuse, sulfureuse) alimentent la cité. Des sources d'eau qui, à Cambo (et ailleurs au Pays basque), ont souvent été entourées d'un culte superstitieux. A Cambo, la veille de la Saint-Jean, les paysans avaient pour coutume de danser autour des principales fontaines pour, à minuit, s'y arrêter et en boire des gorgées d'eau… Et une légende basque raconte qu'un berger victime d'une chute près d'une source un jour a réussi à se traîner jusqu'à elle. Après avoir bu à la source, il s'est mis à danser ! L'histoire ne dit pas si ce miracle a eu lieu à Cambo-les-Bains… Mais on peut toujours le penser !

Xerri-Karika est, sans conteste, l'une des rues les plus typiques de Cambo, avec ses maisons reposant sur des murs de refend apparaissant parfois en façade, et qui jouxtent les pièces de bois que composent les colombages. La rue était à la fois artisanale, marchande et commerçante : cordonnier, buraliste, marchand de vélos, loueur de voitures à cheval, forgeron, menuisier, boucher, charcutier ou encore armurier, pour ne citer que quelques-uns des métiers qui s'y côtoyaient... Dans le temps, on pouvait y trouver le marché. Plusieurs détails diffèrent dans ces deux photos d'époque : à vous de les retrouver...

La maison Vibard (ou Dibard), qui pendant longtemps a accueilli les services de la douane, appartenait à deux sœurs dénommées « Du » (en français : les « sœurs gâteaux »), qui autrefois vendaient leurs biscuits au marché. La tradition des gâteaux à Cambo a perduré et même Edmond Rostand dans *Cyrano de Bergerac* s'en est inspiré... La tarte Amandine était née. Petits extraits : « *Battez, pour qu'ils soient mousseux, quelques œufs ; Incorporez à leur mousse un jus de cédrat choisi ; versez-y un bon lait d'amande douce ; mettez de la pâte à flan dans le flanc de moules à tartelettes ; d'un doigt preste abricotez les côtés ; Versez goutte à gouttelette votre mousse en ces puits, puis que ces puits passent au four, et, blondines, sortant en gais troupelets, ce sont les tartelettes amandines* ».

Très belle vue d'ensemble ici de la vieille rue, qui en son cœur d'ailleurs dispose d'un lavoir.

La rue, qui vient dans la continuité du quartier Xerri-Karika et qui plonge en contrebas, s'avère en son extrémité pentue pour le marcheur… Ici, sur la droite, un promeneur qui semble terminer avec peine son ascension…

Un grand escalier de terre et de pierre composé de près de 80 marches sépare le quartier Xerri-Karika du quartier bas. Régulièrement emprunté par les promeneurs ou les résidents, l'escalier, qui aujourd'hui encore demeure, aidait ces derniers à atteindre l'un ou l'autre des deux quartiers avec facilité.

Les escaliers menant à la vieille ville sont très anciens et sont le symbole de la liaison entre les deux quartiers du Haut et du Bas-Cambo. Aujourd'hui quelque peu oublié, il était autrefois le passage obligé des promeneurs et visiteurs, qui étaient pour la plupart accoutumés au fait de se déplacer à pied…

Belle perspective depuis la maison Martinhandenia et vue plongeante, quoique ici tronquée, sur les premiers lacets du cours d'eau qui traverse le Vieux-Cambo… Un cours d'eau dénommé la Nive, qu'il nous faudra par un pont traverser…

Un pont dont on appréhende ici une première vue. Une vue générale du quartier Xerri-Karika que l'on vient de quitter, pour le quartier du Bas-Cambo à visiter.

A l'image des badauds ici photographiés, à pied ou à l'aide de charrettes à cheval, le pont de la Nive est aisément franchi. Avant de rejoindre le quartier bas, on peut se retourner une dernière fois afin de mirer les façades des demeures qui surplombent les terrasses du Vieux-Cambo.

Les terrasses étagées de la Nive sont situées au nord-ouest du territoire de Cambo. Un Cambo qui a le privilège d'étendre son territoire sur la partie la plus ancienne des montagnes pyrénéennes et basques, dont l'âge approche le milliard d'années (cf. les *gneiss* d'Ursuya).

A l'image du poète Edmond Rostand qui ne pouvait s'arracher *« aux charmes captivants des montagnes mauves et de la Nive bleue »* il est facile de s'attacher aux tons verts et dorés qui composent le paysage verdoyant des terrasses. Mais il nous faut continuer…

La haute terrasse de la Nive date de l'époque où la « Montagne des Dames » étalait ses galets au hasard des crues sporadiques sur un lit majeur large de deux kilomètres… Les terrasses de la ville sont composées de sols plutôt légers et drainés naturellement en profondeur grâce aux « cailloutis » anciens…

Les hommes, au fil du temps, se sont attachés à consolider les berges de la Nive, en y plantant notamment des arbres ripicoles : des aulnes ou encore des saules, corsetant ainsi la rivière dans un lit qui d'ordinaire ne dépasse pas les 50 mètres de large et dont elle ne déborde que peu souvent (en moyenne une à deux fois l'an), quand il pleut trop souvent.

Une église que l'on voit… pour une dernière fois… mais avançons dans nos pas… et traversons le pont… !

4

Destination le Bas-Cambo

Le quartier du Bas-Cambo constituait autrefois le poumon central de la cité, et il est certain que, au XVIIe siècle, la mairie y était implantée. L'absence d'archives municipales concernant cette époque empêche l'identification de la maison qui tenait lieu de réunion aux jurats et au maire-abbé, mais on peut penser que la maison Chapitalia doit son nom au lieu où résidait l'assemblée capitulaire. Ce que l'on sait avec certitude, c'est que, vers 1732, les habitants du Haut-Cambo refusèrent aux habitants du bas de leur permettre de transformer la maison Chapitalia en chapelle, ce qui entraîna la construction de la chapelle de Luroa. Ce quartier accueille également une jolie place où trône un petit fronton idéal pour des parties de pelote à main nue. Sur cette place régnait autrefois un « gardien du bois », qui était chargé d'interdire l'abattage des arbres, de surveiller le ramassage du bois mort et le vagabondage du bétail, qui, à certaines périodes de l'année, était autorisé dans le quartier à y chercher subsistance, principalement les porcs à l'époque des glands ! Une remarque : le nom donné à la rue Xerri-Karika, qui en français veut dire la rue des Cochons, viendrait-il de là, bien qu'elle soit située dans le Haut-Cambo ? Le Bas-Cambo pouvait compter autrefois sur l'existence de métiers manuels traditionnels. C'est ainsi que maçons, charpentiers, menuisiers ou ouvriers, tuiliers, forgerons, maréchaux-ferrants, cloutiers ou encore chalentiers coexistaient, permettant aux habitants du Bas-Cambo de se passer des commodités offertes par le Haut... Les écrits concernant le Bas-Cambo sont rares et seule la mémoire d'anciens a permis de donner des informations à son sujet. Non loin de là coule le ruisseau Olha (forge en basque), perpendiculairement à la rive droite de la Nive dans laquelle il se jette, découvert en 1913 et objet de fouilles de 1917 à 1919 par un certain E. Passemart. Ce ruisseau a la particularité de passer sous la route et la voie du chemin de fer. En 1913, en effet, les exploitants d'une carrière de pierre calcaire située à proximité de la route (qui alimentait un four à chaux situé en amont) un jour décidèrent d'étendre l'exploitation à la rive gauche du ruisseau. Au cours du dégagement préliminaire de la paroi, les ouvriers mirent à nu des ossements qui bien entendu attirèrent leur attention. Quand Passemart en 1917 eut connaissance de cette découverte, il se mit également à fouiller les lieux, mais en sortit fort désappointé, ne trouvant point d'ossements humains. « *Pourtant*, dit-il, *il y avait à l'abri d'Olha des ossements humains car, quelque vingt ans avant mon arrivée, au cours de l'ouverture de la carrière, il en fut découvert et sans doute en assez bel état car ils furent transportés avec les bénédictions du brave curé de Cambo de l'époque, au cimetière et pieusement inhumés. Il ne faudra pas s'étonner si, parmi tant de pauvres corps de toutes races inhumés au cimetière qui domine la Nive, apparaissent un jour quelques formes plus archaïques, néandertaliens ou autres : ce seront les hommes moustériens de l'abri d'Olha qui auront, une dernière fois, gravi la colline grâce aux bons soins du curé de Cambo...* » !

Nous quittons ici le Haut-Cambo pour rejoindre la gare et gagner le Bas-Cambo après avoir effectivement réalisé la descente du plateau et traversé le pont de la Nive… Des omnibus assuraient à une certaine époque la transition par la grande route en lacets entre les deux quartiers. La liaison entre les deux entités territoriales était ainsi assurée…

Le pont métallique a été construit ou plutôt reconstruit en 1884, pour être mis en service l'année d'après. Le maire de l'époque portait le nom de Dominique Saint-Jean. Le pont de la Nive a facilité les déplacements le long de la vallée de la Nive.

Sous les terrasses de la Nive s'étendent les terres agricoles qui virent sans doute les premiers noyaux de peuplement : Cambo, Bas-Cambo, Haurtzain… Sur l'Ursuya, les landes, en été, offrent de bons espaces au bétail en pacage.

Ici vue sur la Nive et au fond à gauche sur le quartier. Un quartier situé sur la rive droite et dominé par la vaste coupole du mont Ursuya. Du mont Ursuya, à perte de vue, on peut distinguer l'Océan et les Pyrénées centrales…

La Plaine et le Haut Cambo, vue prise de Bourga Chitowa.

Une fois le pont de fer franchi, la promenade mène ici le badaud en direction du chemin de la plaine. Un chemin qui, si on délaisse l'avenue de la Gare, permet de côtoyer la propriété Celhaya. Un chemin qui ensuite redescend sur le quartier Haurtzain pour mener au passage à niveau du chemin de fer.

39. Cambo-les-Bains — Le Château Celhaya

Le château Celhaya est l'une des propriétés mythiques du quartier bas, construit par monsieur Montau, considéré en son temps comme un bienfaiteur pour le Bas-Cambo. Le mécène Montau a également aidé à la création de l'école du Bas-Cambo et de son lavoir… Ici, une vue de Celhaya prise en 1916.

Surplombant la colline, ici en tout petit, le château Celhaya domine, et la vue sur une partie du quartier Basseboure est des plus exceptionnelles. Les jardins aménagés en contrebas ressemblent étrangement à ceux d'Arnaga… Le quartier Basseboure ou *Basaburu* en basque, composé de quelques maisons aux toits rouges, est très étendu et demeure sans conteste le quartier le plus montagnard de Cambo…

Un quartier qui flirte avec le mont Ursuya, une demeure Celhaya située dans les hauteurs et à partir de laquelle le promeneur peut une dernière fois avant d'atteindre la gare admirer la vue générale du Vieux-Cambo.

Le pont sur la Nive mène le promeneur tout droit à la gare. Le lieu d'implantation de cette dernière, qui a suscité quelques remous au sein de la municipalité de l'époque (années 1892-1894), fut en effet finalement celui de la plaine du Bas-Cambo. Le conseil municipal profita d'ailleurs des travaux de construction de la gare pour apporter des améliorations à la route permettant de s'y rendre.

La ligne Bayonne-Cambo est ouverte depuis le 19 janvier 1891 et il aura fallu attendre l'an 1898 pour voir s'ouvrir le tronçon Ossès - Saint-Jean-Pied-de-Port et Ossès - Saint-Etienne-de-Baïgorry. L'ouverture de la section Bayonne-Cambo engendra une augmentation notable du nombre de visiteurs sur Cambo.

6 CAMBO-LES-BAINS. — La Gare et les Thermes — LL

La construction de la gare a été un nouvel atout pour Cambo-les-Bains, en permettant notamment à un plus grand nombre de curistes de venir y séjourner. On note, en effet, une nette augmentation du nombre des « bains » depuis l'ouverture de la ligne de chemin de fer. L'essor de la ville a toujours été de pair avec l'amélioration de ses voies de communication…

Arrivée du train sur le quai de la gare de Cambo, avec en toile de fond la montagne des Dames… Dès l'ouverture de la ligne, l'affluence des visiteurs et curistes est allée grandissant… Il existait fin XIXe, début XXe siècle un bimensuel à Cambo qui portait le nom de *Journal de Cambo*. Il avait notamment pour coutume de reprendre dans ses colonnes le nom des visiteurs importants : l'académicien français Jules Clarétie et le cardinal Lavigerie auraient été dès 1891 au nombre des voyageurs du train menant dans la cité thermale… Et en 1900, Edmond Rostand arrive à Cambo-les-Bains par le train.

Les malades atteints de la grippe espagnole purent de même emprunter la ligne de chemin de fer, ce qui fit de Cambo-les-Bains un lieu privilégié de villégiature, de repos et de soins...

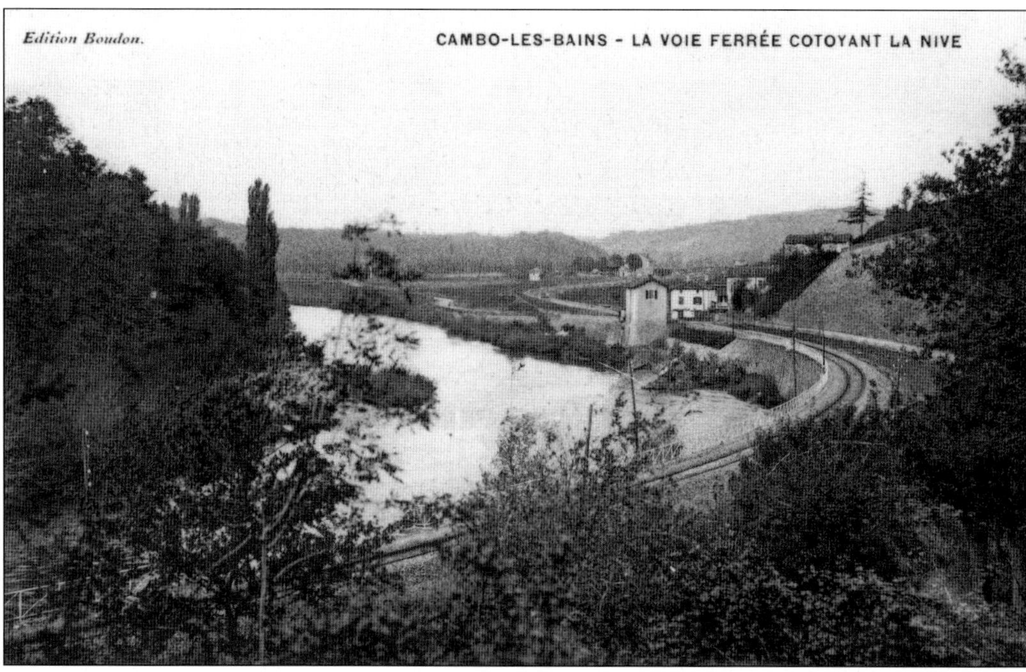

Cambo-les-Bains est un lieu d'arrivée idéal par le train, mais n'oublions pas que nous sommes pour l'instant avant tout arrivés au Bas-Cambo ! A l'époque, en moyenne quatre trains par jour parcouraient la distance Cambo-Bayonne-Cambo. Et depuis la gare de Cambo, un nombre identique de locomotives s'en allaient *via* Saint-Jean-Pied-de-Port en passant par la gare d'Ossès qui est devenue par la suite celle de Saint-Martin d'Arrossa...

Les deux documents ici font apparaître une vieille maison, très réputée dans le quartier et dénommée Burlaztegia ou Burlazteia. Le peintre Pablo Tillac en a fait dans l'une de ses œuvres la demeure des sorcières de Cambo… Pablo Tillac qui, arrivé à Cambo en 1921 pour y demeurer près de cinquante années, produisit plus de 5 000 œuvres : dessins au crayon, à la plume, aquarelles… La très belle et très ancienne maison Burlazteia se situe en plein cœur du quartier du Bas-Cambo, à gauche, juste après le fronton. Mais il semblerait que les sorcières n'y soient plus…

Les sorcières au Pays basque sont comme ces deux femmes : ou jeunes et belles, ou très vieilles ! Pierre de Lancre, expert en démonologie à l'esprit torturé, dans la province du Labourd en l'an 1609 s'occupa du cas de certaines d'entre elles, ordonnant la torture ou le bûcher, mais à Cambo elles semblent avoir été épargnées !

La femme au Pays basque est maîtresse en sa demeure : on parle d'elle comme une *etxeko-anderea* (la maîtresse de maison). Elle est chargée de tous les travaux d'entretien : cuisine, ménage, de l'éducation des enfants et également de la basse-cour quand il s'agit d'une fermière. Les photos ici sont deux belles illustrations passées de la jeune et de l'ancienne génération de femmes camboardes.

Le passé nous ramène au concept.de tradition, qui au Pays basque est sacrée. Longtemps maintenues au Bas-Cambo, elles n'ont pas cessé de donner audit quartier une image typiquement basque. Un distinguo a d'ailleurs toujours été fait par les Camboards entre les habitants du Bas et du Haut-Cambo, les habitants respectifs de chacun des deux quartiers se traitant d'ailleurs souvent en étrangers.

Le *Cambo-Guide* 1913 parle d'ailleurs du Bas-Cambo comme un village basque à part entière *« avec ses maisons ornementées de boiseries de balcons »*. Ici, belle illustration de l'architecture d'une ferme traditionnelle labourdine. Il s'agit de la maison Lizarra.

La photographie est intitulée Le casino, qui n'était certainement pas au Bas-Cambo le lieu du jeu et du hasard. Au Bas-Cambo existaient autrefois plusieurs épiceries dont une que les anciens appelaient Courant d'air. L'épicerie n'est plus, seuls un bar et un restaurant de renom existent, sur la place du Fronton.

Ici des maisons typiques du Bas-Cambo : Kaursainia, qui côtoie la voie ferrée (quartier Haurtzain) et Ederrenia, qui domine le petit pont.

Un autre pont ici, avec des danseurs basques dont on ne peut dire avec certitude s'ils sont de Cambo, du bas ou du haut… Quoi qu'il en soit, à Cambo aussi la tradition de la danse existe, avec son lot de sauts, pas dansés (en basque *mutxikoaks*) et autres fandangos… Ces danses basques sont sacrées au Labourd comme dans les autres provinces basques et elles accompagnent généralement les différentes manifestations culturelles. Autre marque traditionnelle : le chant basque, qui à Cambo comme ailleurs est régulièrement pratiqué. Autre type de chant : les *bertsus*, véritables « petits poèmes en basque improvisés et chantés ». Une Camboarde, créatrice de *bertsus*, Marie Argain Urkudoia, est d'ailleurs restée dans les annales pour la qualité de ses improvisations. A Cambo, il existe une chanson qui s'adresse aux particuliers aux jeunes de la cité. Son nom : *Kanboko gazteriaren kantua* ou la « Chanson des jeunes de Cambo ». En voici le refrain : *« Bai, Kanboar gazteak ; Xuti gaitezen guziak ! Ez izan beldurrik… Bai, goazen burua gorarik ! Beti elgarren lagun ; Elgar ohora dezagun, Gauden denak Euskaldun ; Eta fededun ! »*

Des jeunes du Bas-Cambo, qui avaient assurément pour coutume de se retrouver en nombre sur le petit pont situé dans l'une des artères principales du quartier bas. Ici, une bonne partie des habitants du bas semblent être rassemblés sur le pont pour la photo. Cette dernière n'est pas datée et ne peut nous éclairer sur le motif de l'« occasion ».

Les jeunes avaient encore pour coutume de se déguiser à l'occasion des mascarades et autres carnavals organisés à Cambo à certaines saisons. Ici *kaskarots* et *makilaris* semblent attendre le feu vert afin de faire démarrer leur attelage et de commencer à faire la fête. Libre à nous de les suivre ou de continuer notre promenade.

5

Des eaux pour se promener

Plusieurs études sur le climat et les reliefs composant le territoire de Cambo au fil du temps ont été réalisées, et ce principalement à compter du XIXe siècle. En 1829, le docteur Dellisalde a consacré sa thèse de médecine au climat de Cambo. C'est toutefois le docteur Juanchuto qui présenta une étude climatique relativement exhaustive, pour retenir trois qualités déterminantes : la pureté de l'air tout d'abord, qui sera doté par ailleurs de manière paradoxale de vertus à la fois toniques et sédatives ; la constance du climat avec de faibles écarts de température entre les saisons ou pendant une même journée ; la salubrité du climat. Cambo échappa presque systématiquement à toutes les épidémies, et notamment à celles de la variole et du choléra. Mais le microclimat de Cambo se caractérise avant tout par sa stabilité thermique et hydrométrique et son exceptionnelle pureté, ce qui a contribué à la naissance de pratiques simultanées et complémentaires : l'hydrothérapie et la climatothérapie. Ces conditions climatiques douces et tempérées ont une incidence importante sur la végétation, qui se répartit schématiquement en « clans » : la lande sur les sommets et sur le plateau une végétation dense et arborée. Ce climat ouvre la voie à des idées de balades. Depuis Cambo, grandes en effet sont les opportunités de promenades. Promenades en montagne, mais également promenades sur l'eau. Le *Cambo-Guide* de l'époque conseillait au promeneur toute une série d'excursions : vers la montagne des Dames, le Bas-Cambo, Paska Leku, le moulin d'Olha ou encore Arnaga. Mais, si on reprend mot à mot les mentions d'avertissement rédigées sur ledit guide : *« nous n'entreprendrons pas de classer en promenades toutes les variantes auxquelles peuvent donner lieu nos nombreuses allées ombragées, nos chemins agrestes, nos sentiers montagnards ainsi que les bords pittoresques de notre Nive, agréables partout… »* L'idée est lancée. Le ton est donné. Nous choisirons les berges de la Nive pour nous promener…

Belle vue sur les bords de la Nive.

La Nive, qui ne ressemble en rien à celle des débuts de l'ère quaternaire, a façonné un large couloir tapissé ou remblayé par des alluvions caillouteuses...

« Comme un ruban d'argent, dénoué dans les près, coule limpide et claire, sur l'herbe de la rive, la Nive. » (extrait des *Poèmes* de Lucy Delattre).

Qu'un port ait existé (et surtout ait fonctionné) à Cambo-les-Bains est une réalité. La maison Portuia ou maison du Port est là pour en témoigner, située sur la rive droite de la Nive, à la limite de la commune d'Halsou. La maison Portuia existait déjà à la fin du XVIIe siècle et était alors habitée par Charles de Tillerie, *chalentier*. Ce n'est bien entendu pas lui sur la photo, le cliché datant de 1900 !

Cette maison de port nous donne des indications sur la période d'existence du port de Cambo, qui a dû fonctionner jusqu'au milieu du XIXe siècle. Ce port était un point de transit entre l'Espagne, le Pays basque intérieur et Bayonne. Ici, le pont suspendu.

Les chalands étaient très présents sur les cours de la Nive en raison de l'important trafic portuaire qui existait à Cambo. On sait aussi qu'il y avait un bac, une « gabarre » qu'il était nécessaire d'emprunter afin d'atteindre l'autre rive. Un pont de bois permettait à l'époque de traverser la rivière, mais il était souvent emporté par les crues et les habitants devaient utiliser une barque pour passer d'une rive à l'autre.

Embarcation ou passage sur le pont ? Un choix laissé à la guise du promeneur qui, ici, pouvait même se payer le luxe de traverser la Nive à cheval…

9. - CAMBO. - La Nive - BR - 739

Mais il était fort possible que les chariots empruntent un autre chemin et que ainsi, arrivés à Cambo, ils continuent vers Bayonne pour bifurquer sur la droite, passer devant Hainçuberroa et aboutir près de l'eau, près de Puttunborda. L'histoire dit qu'à cet endroit était un bac où passaient bêtes et gens…

17 CAMBO-LES-BAINS. — Le Pont suspendu. — LL.

Quoi qu'il soit, Cambo est lié à ses eaux, notamment par l'intermédiaire de ses ponts. Ici, une dernière vue sur le pont suspendu.

Le port dans les années 1900 ne fonctionnait plus, mais nombreux étaient les touristes qui, comme ici, venaient flâner sur les eaux de la Nive…

… pour ensuite descendre les rapides. Si on scrute (à la loupe) la photo, on peut remarquer sur la droite une barque en train de descendre les rapides entre Cambo-les-Bains et Ustaritz, une descente qui pouvait parfois s'avérer impressionnante !

Même si le port dans les années 1900 est fermé, le cours d'eau de la Nive n'en continue pas moins à ouvrir la voie à des opportunités. Des installations seront créées pour barrer la route aux saumons, qui portent en basque le nom de *baroas*. Ici, une première approche du barrage à saumons, situé en amont du pont.

Les activités liées à la pêche vont pendant longtemps subsister à Cambo. La tradition de la pêche est au Pays basque un classique, mais les véritables marins sont à rechercher davantage du côté de Biarritz, d'Hendaye ou encore de Saint-Jean-de-Luz.

Nous pourrions nous rendre à Biarritz, Saint-Jean-de-Luz ou ailleurs... en suivant le cours des eaux de Cambo.

Mais nos pas (notre cœur, notre raison, notre embarcation...) nous conduisent au quartier des Thermes. A Cambo, les eaux ont des vertus qu'ailleurs on ne trouvera pas.

6

Des eaux pour se soigner

La célébrité originelle de Cambo vient de la présence de ses eaux thermales. Cambo dispose en effet de deux sources : l'une sulfureuse, l'autre ferrugineuse ; qui dès 1609 étaient célèbres pour leurs vertus. Célèbres aussi, certains des visiteurs venus à Cambo « prendre les eaux » : Marie-Anne de Neubourg en 1728 et 1729 y suivit des cures, tout comme en 1856 et 1858 le couple impérial composé de l'impératrice Eugénie et de Napoléon III. Un siècle plus tard, l'écrivain Louis de Robert, prix Femina en 1911 pour son *Roman d'un malade*, vint également à Cambo-les-Bains pour des soins. Edmond Rostand n'est pas en reste : quelques pages lui seront consacrées un peu plus loin. En 1876, le nouvel établissement thermal est inauguré et plusieurs aménagements suivront jusqu'en 1924, date à laquelle madame Souza-Costa, principale actionnaire de la Société des thermes de Cambo fait construire le bâtiment actuel. Cette volonté de modernisation a valu à la petite station de nombreuses récompenses aux diverses expositions de la fin du XIXe siècle et, le 3 février 1897, un décret l'autorise à prendre la dénomination de Cambo-les-Bains.

Des eaux de Cambo faites pour soigner sont parfois conservées dans des bouteilles… Il paraît même qu'un négociant dont on a oublié le nom les exportait jusqu'aux Etats-Unis par chargements entiers ! La spécialité première de Cambo, le traitement des affections pulmonaires, et la réussite de la ville en tant que station de cure ont fait couler beaucoup d'encre sur le climat local et ses vertus thérapeutiques. Soleil doux et pluviosité généreuse sont les composants essentiels du climat « toni-sédatif » de Cambo.

Ce climat s'accorde bien au traitement des affections des voies respiratoires comme la laryngite chronique, la bronchite chronique, l'asthme, à celui des maladies dystrophiques comme le lymphatisme et le rachitisme ou encore celui des maladies du système nerveux. Des affections soignées dans des maisons de cure ou de santé, et un bassin de population de passage touché par de nombreuses affections, qui à Cambo-les-Bains susciteront de nombreuses vocations, notamment tournées vers les voies respiratoires, urinaires et digestives. Une vocation tournée vers la santé qui était en effet le fait de nombreux spécialistes, qui jusqu'au XVIIIe siècle étaient des chirurgiens, des médecins et voire encore des barbiers (les barbiers pratiquaient autrefois les saignées). En matière de santé, les choses ont beaucoup évolué, et Cambo-les-Bains est devenu une station à vocation sanitaire et thermale de renom, reconnue (notamment sous l'impulsion du professeur Grancher) pour le sérieux et les compétences des spécialistes présents sur son territoire. Un renom qui, de nos jours, perdure encore. Mais quoi de plus normal : à Cambo-les-Bains, les eaux aussi sont là pour soigner !

Belle vue du quartier des Thermes, avec un ensemble thermal qui comprenait quatre pavillons reliés entre eux par des bâtiments rectangulaires. Le pavillon au sud-ouest regroupait tous les appareils de douche alors utilisés et, dans une autre aile, on trouvait des salles de bains de vapeur, des cabines pour les bains de pied et des salles d'inhalation et de pulvérisation.

Un établissement thermal idéalement situé entre eau et montagne. Ici, une vue des thermes et, au fond, le mont Artsamendi.

Autre vue de l'établissement thermal, idéalement situé au pied de la Nive, et construit à proximité des sources ferrugineuse et sulfureuse de Cambo-les-Bains. Il apparaît également qu'autrefois Cambo aurait disposé d'une troisième source alcaline, source appelée La Tuile.

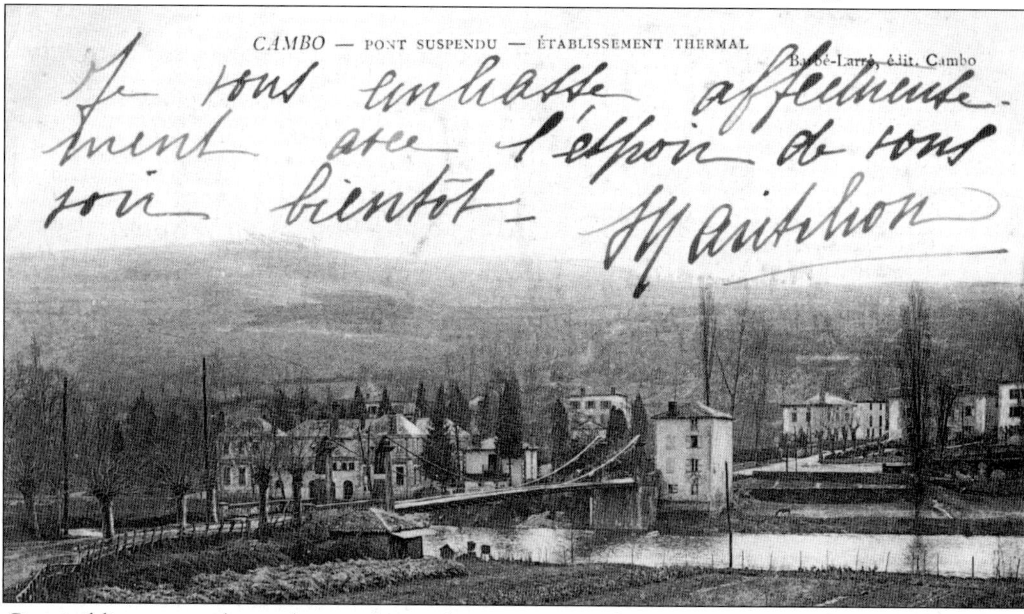

Cet établissement thermal aura demandé, comme on l'a vu en introduction, de nombreux aménagements et en conséquent de nombreux investissements, réalisés en fonction des besoins (et des moyens) de la société de l'époque en matière de traitement. Jusqu'en 1930, les thermes de Cambo soignèrent quantité de gens pour ensuite pendant un demi-siècle cesser d'exister (les thermes de Cambo soignaient alors essentiellement la tuberculose pulmonaire et le ministère de la Santé marqua un coup d'arrêt à leurs activités en refusant, en 1930, leur ouverture), jusqu'à leur réouverture en 1976 sous l'impulsion de la Chaîne thermale du soleil.

Dans l'un des pavillons, on trouve la buvette des thermes, qui tire son eau de la source située dans le sol en contrebas. Cette buvette comprend une façade formée de l'une des ouvertures à plein cintre de l'ancien établissement. Les deux portes situées de part et d'autre de la buvette, même si on ne le voit pas ici, donnaient accès à la partie centrale de l'établissement, où on pouvait trouver une vaste piscine. Les eaux sulfureuses étaient utilisées en boisson, gargarisme, inhalation, pulvérisation, bain et douche.

Les Pyrénées Illustrées. 291. — Cambo-les-Bains. - Buvette de l'Etablissement.

CAMBO. — La Fontaine ferrugineuse et le Parc de l'Etablissement Thermal. B. R.

Les sources à Cambo sont pour l'une ferrugineuse, pour l'autre sulfureuse. Ici, la fontaine ferrugineuse et le parc de l'établissement thermal. Utilisées séparément ou associées, elles permettaient le traitement d'affections largement détaillées par les spécialistes en la matière à l'époque : traitement des affections chroniques des voies respiratoires, des voies digestives ou encore urinaires, ou encore celui des anémies, de la chlorose, de la scrofule et des cachexies…

Ce domaine thermal s'étend à perte de vue et offre à ses visiteurs de larges possibilités de promenade. Au fond, on retrouve le pont suspendu. La promenade des thermes offre, en effet, une bonne alternative aux curistes désireux de profiter d'une façon agréable des aménagements proposés.

Ici une vue sur le pont de la Nive depuis le parc de l'établissement des thermes. Idéalement arborisé, ce parc est aujourd'hui transformé en de très beaux jardins luxuriants et fleuris, côtoyés de près par des allées bordées de palmiers.

La station thermale de Cambo bénéficie en général d'un climat favorisé, qui permet son ouverture jusque tard dans l'année. Elle offre aux curistes un cachet intimiste particulier, accentué par la présence de ses parties boisées et ombragées…

Les curistes souvent prennent le parti de revenir en habitués et, au-delà des prestations offertes par l'établissement thermal en matière de soins, trouvent à demeure des locaux avenants dans lesquels résider, accompagnés bien souvent de tables opulentes… Pays basque oblige !

Après l'épidémie d'influenza de l'hiver 1891-1892, des malades vinrent se refaire une santé à Cambo. En 1892, c'est le professeur Grancher, atteint d'une affection pulmonaire, qui s'installa le premier à Cambo. Grancher est élu en 1900 maire de la cité thermale…

Edmond Rostand, son patient, suivit ses pas pour, à son tour, à Cambo s'installer et créer sa demeure, qu'il nomma Arnaga…

Il nous faut désormais quitter le quartier des Thermes pour nous diriger vers les Grandes Allées, en faisant néanmoins, au préalable, un petit détour pour nous arrêter quelques minutes devant le premier sanatorium de Cambo…

Ce sanatorium de renom était un établissement précurseur en matière de santé et a donné à beaucoup d'autres structures l'idée d'exister. Cambo « ville de santé » est ainsi né… Concernant le sanatorium nommé Beaulieu, petits extraits tirés du *Cambo-Guide* 1913 : *« Adossé sur une des collines du mont Ursuya, le sanatorium de Beaulieu étale au-dessus de l'allée de sapins qui le précède ses couleurs tendres au milieu d'une riante campagne. La vie toute familiale que l'on y rencontre aussi bien que sa situation privilégiée en font un établissement des plus recherchés… »*. Beaulieu, un « beau lieu » créé en 1902 par le docteur Hamant.

7

De grandes allées et de belles demeures

La cité de Cambo-les-Bains doit, comme on l'a vu, sa renommée et son nom à l'eau, qui a fait d'elle une station climatique et thermale de renom. La ville n'a pas toujours porté ce nom, notamment en 1199 puis en 1249. Sur un document des archives de Navarre de 1249, Cambo figure sous le nom de *parrochia de Sansa*. Le livre d'or de la cathédrale de Bayonne, dès 1199, emploie le terme de *Sance* pour désigner la dîme de Cambo. Sans doute est-ce là la plus vieille mention de la paroisse, administrée par un maire-abbé et trois jurés. C'est la maison noble Azantza, la plus ancienne de la cité, qui donne son nom à l'église et à la paroisse, très certainement parce que l'église était construite sur ses terres. Le nom de Cambo est apparu en 1203, à la faveur de l'existence d'un certain monsieur A. S. de Cambo, alors témoin à la cour d'un jugement à Ustaritz, mais il n'est pas certain que ce nom désigne l'actuelle commune de Cambo. En revanche, c'est certainement celle-ci qui est désignée sous le nom de Cambo en 1350, en 1451 et en 1501… En 1897, on l'a vu, Cambo prend le nom de Cambo-les-Bains. La présence des thermes fait que Cambo devient, dès le début du XIXe siècle, une destination à la mode, relatée notamment dans des publications anglaises après les aventures guerrières de Wellington et de ses troupes en 1813 dans la région… La ville a ensuite bénéficié du vent de mode venu de Biarritz, grâce notamment au grand circuit maritime organisé par Napoléon III qui comprenait, en sus d'une visite programmée de l'arrière-pays, la descente de la Nive à partir de Cambo jusqu'à Bayonne… La visite comprenait également une promenade sous les grands arbres, et on peut vraisemblablement penser qu'il s'agissait de ceux situés sur l'une ou l'autre des Grandes Allées sur laquelle nous allons désormais nous arrêter… Grandes allées et belles demeures, car la villégiature à Cambo a connu son apogée à la Belle Epoque. Nous irons à la découverte de quelques-unes de ces grandes maisons, pour la plupart propriétés de personnages illustres qui auront, à leur mesure, aidé à faire de Cambo une ville de renom. Mais remontons les allées…

L'hôtel Azantza, ou Assantza, qui portait le nom originel de la paroisse, par la suite dénommée « Cambo ».

L'allée des Thermes est un lieu de promenade idéal qui a inspiré de nombreux artistes et poètes. Pour exemple, petits extraits d'un recueil signé Lucy Delattre, qui en son temps était vendu au profit « des malades nécessiteux de Cambo » :
« Les Allées… Vous ouvrez devant nous vos longues avenues/ Que l'on revoit toujours lorsque l'on vous a vues/ L'automne vous revêt d'ardente pourpre et d'or/ Tous les ors sont sur vous, ils brilleront encor/ Quand viendra le printemps, or rouge, or vert, or pâle/ Il teint jusqu'aux sommets, il se répand, s'étale… »

L'allée des Thermes relie le quartier thermal au Haut-Cambo pour, en son sommet, arriver sur une intersection. A droite, on entr'aperçoit l'hôtel d'Angleterre et le chalet Saint-Martin. Au centre, une vision champêtre du Cambo d'autrefois, avec une charrette tirée par des bœufs.

Ici, la vue est identique mais décalée : on peut de là apercevoir le mont Ursuya. Sur la gauche un peu plus loin, même si d'ici on ne peut le deviner, on arrive sur une esplanade qui offre une vision panoramique exceptionnelle sur les montagnes alentour (dont la montagne des Dames) et le quartier bas.

Faisant suite à l'allée qui vient des thermes et en continu, on trouve les Grandes Allées : de grandes avenues entourées de parcs et ombragées, où se dressent des villas de tous les styles, que nous découvrirons succinctement pour certaines, d'une façon plus approfondie pour d'autres, pas à pas…

Ces allées sont agrémentées d'un jardin public où il fait bon flâner. Ces allées et ces parcs aux plantations très marquées privilégient des espèces exotiques acclimatées comme les rhododendrons, les palmiers, les camélias ou encore les hortensias (fleur symbole de Cambo).

L'hôtel d'Angleterre se trouve à la bifurcation des routes du Haut-Cambo et des Thermes. Le *Cambo-Guide* de 1913 en faisait une destination privilégiée, recommandant sa cuisine et ses caves. Il faisait également office de restaurant, été comme hiver. Madame Saint-Martin en était la propriétaire en 1913. L'hôtel d'Angleterre ou hôtel Saint-Martin a été l'une des premières demeures à être transformée en maison de santé, en 1919, sous l'influence du docteur Constant Colbert.

Cet hôtel était situé non loin d'un kiosque à musique, qui porte le nom de kiosque Albeniz depuis le décès de ce dernier…

Le charmant kiosque à musique installé aux abords de la rue des Allées rappelle, en effet, le souvenir d'un compositeur illustre, le Catalan Isaac Albéniz. Il s'éteignit à Cambo en 1909, à l'âge de 48 ans, à quelques mètres de là. Cambo fut la dernière étape où Albéniz se fixa, notamment pour y soigner une néphrite chronique aggravée de complications cardiaques. Au printemps 1909, il décida de se rapprocher de son Espagne natale, souvent injustement ingrate à son égard. Le 1er avril, il loua, pour trois mois, le chalet Saint-Martin pour, au gré de quelques excursions, découvrir avec des amis (dont Pablo Casals) venus lui rendre visite, tous les charmes du Pays basque intérieur, de Cambo à Saint-Jean-Pied-de-Port. Isaac Albéniz alla même jusqu'à envisager de s'installer dans la cité de Cambo-les-Bains, visitant au gré de ses balades les maisons alors en vente, dans le but un jour d'y transférer les biens de sa propriété niçoise. Mais sa maladie fit de rapides progrès, malgré les bons soins prodigués par les deux docteurs camboards Dotézac et Ancibure, par ailleurs aidés par le neveu du compositeur : le docteur Ruiz Albéniz. Sur la demande de ses grands amis parisiens : Paul Dukas, Fauré, Debussy ou Vincent d'Indy, il fut, en 1909, nommé chevalier de la Légion d'honneur. Au mois de mai de la même année, Enrique Granados vint voir Albéniz pour lui annoncer la nouvelle. Mais, hélas, la fameuse décoration ne lui fut remise que sur son lit de mort. Isaac Albéniz mourut le 18 mai. Il n'a pas été enterré à Cambo, même s'il semble en avoir émis le souhait, et sa dépouille a été transportée à Barcelone. Il laisse à Cambo sa dernière œuvre inachevée : *Navarra*, à la 245e mesure… Elle fut, plus tard, achevée par Déodat de Séverac…

Ici une vue de la très belle villa Marietta, entourée d'une guirlande d'arbres et située non loin de l'hôtel d'Angleterre.

Quand Edouard VII villégiaturait sur la côte d'Argent, Cambo avait toutes les semaines les faveurs de sa visite… Il avait pris l'habitude de se restaurer avec quelques intimes sur les terrasses, dominant la Nive, de l'hôtel Colbert. Propriété de monsieur Colbert, il portait également le nom d'hôtel de Paris.

Un peu plus loin, on trouve la maison Bon-Air, dont le nom est vraisemblablement tiré des vertus climatériques de la cité de Cambo… D'autres noms de maisons sont inspirés des mêmes préceptes : Beaulieu, Beauséjour, Bellevue…

Située après le square sur les Allées, Bon-Air était une pension de famille disposant de grands jardins aménagés. Selon le Cambo-Guide : *« l'hygiène et la propreté devaient y être strictes. La cuisine était réalisée avec des produits de premier choix et elle disposait du chauffage central, de salles de bains, de garages, et même d'un laboratoire photos »*. Sa propriétaire était en 1913 madame Daniel Harotchena.

La maison Urtsu-Begi, bien située avec vue sur les montagnes, disposait d'installations modernes avec jardins, chauffage central, salles de bains, électricité et téléphone... Les Longuet en étaient les propriétaires en 1913.

Même style labourdin pour la maison Aski-Dena.

Disposant de même d'une vue sur les montagnes, la villa Consuelo était *« confortablement équipée, avec eau et électricité aux étages »* (*Cambo-Guide*). En 1913, sa propriétaire était madame G. de Raffin.

Offrant une vue splendide sur les montagnes, la Nive et les coteaux d'Hasparren, l'imposante villa Guernika disposait, en 1913, de tout le confort moderne, avec chauffage central, salle de bains, électricité, téléphone, conciergerie, garage moderne et tennis. Elle était, en 1913, la propriété de madame Pilan.

Autre style, autre maison qui en « impose » : la maison Carricondoenia.

Sur cette vue, la maison Uraldia nous donne un bel aperçu de l'architecture des maisons labourdines, orientées vers le levant. Quelle que soit son orientation, la maison labourdine tourne le dos au vent et à la pluie venant de l'ouest, lui offrant de ce fait une façade dénudée. A contrario, sa façade est, richement ornementée et ouverte, comprend deux murs gouttereaux et des encorbellements. Uraldia possède tous les attributs de la maison basque labourdine par excellence : formes massives et douces, simplicité et robustesse et toiture à deux pentes de même inclinaison…

Ici une photo de la maison Uraldia datant du 1er juillet 1909. A Uraldia a, pendant un temps, été assurée l'instruction privée de jeunes enfants. Les Gosselin, puis les Mugica en ont été propriétaires…

Uraldia, idéalement cachée dans la forêt, côtoie la Nive de près. Elle est située en contrebas d'une autre demeure de renom à Cambo : Toki-Eder.

Toki-Eder est l'une des maisons de santé clé de Cambo. Sans entrer dans les détails, les principales autres maisons de santé à Cambo sont : Annie-Enia (terminée en 1932, docteur Trotot), Landouzy (ouverte par le docteur Ancibure en 1931), Cyrano (pension de famille pour tuberculeux sous madame Henrique pour devenir un sanatorium pour femmes en 1929 avec son nouveau propriétaire Joseph Chatard), Marienia (dirigée en 1927 par le docteur Duron dans l'ancienne propriété de la famille Salagoïty), Grancher (ouverte par Camino en 1925 et achetée par le docteur Chatard en 1935), Franclet (du nom d'une parente du docteur Dieudonné, et construite par ce dernier vers 1922) ou encore les Terrasses (installées dans l'ancien hôtel Saint-Martin ou d'Angleterre, créées vers 1919 par le docteur Constant Colbert). Enfin, la Pouponnière est inaugurée le 30 août 1928 pour recevoir de très jeunes enfants relevant de l'œuvre Grancher…

Les maisons de santé ont, pour la plupart (suivant le modèle du premier sanatorium Beaulieu), été créées durant la période de l'entre-deux-guerres et se sont reconverties, après la seconde guerre mondiale, suite à la découverte des antibiotiques. Toki-Eder a été ouvert en 1941 par Jean Mugica.

Un peu dans le même style : la maison Haurrarena (en basque : pour les enfants). Tout comme Toki-Eder et de nombreuses autres demeures à Cambo, elle marque sa différence par rapport au style architectural typiquement labourdin. Ces maisons marquent fortement la prégnance de la villégiature à Cambo-les-Bains à compter de la fin du XIXe siècle.

La villégiature est apparente au regard des nombreuses constructions souvent réalisées par des personnes fortunées, attirées à Cambo-les-Bains par les qualités de ses eaux thermales et sa position idéale à l'extrémité de la chaîne des Pyrénées. Beaucoup d'Anglais notamment sont attirés par Cambo, qui faisait partie du « Grand tour d'Europe » qu'ils affectionnent tout particulièrement. La villa Juliette, située sur les allées conduisant aux thermes, peut témoigner au nom des autres demeures du même type de ce riche passé camboard. Elle fut construite entre 1887 et 1889 par Pedro Luro, originaire de Basse-Navarre, qui avait émigré, comme de nombreux Basques, en Argentine pour y faire fortune. Il y réussit (ce qui ne fut pas forcément le cas de tous les Basques émigrés) et fut même l'un des promoteurs de la station balnéaire Mar del Plaza. Un peu plus loin : Rosaenia.

La villa Rosaenia a été créée par la professeur Grancher et nommée ainsi en référence à son épouse qui se prénommait Rose. Bâtie presque exclusivement par des entrepreneurs locaux (Hardoy, Harotchena, Hainçuberro), elle est conçue dans le style traditionnel de l'époque, avec en rappel quelques détails de l'architecture labourdine : grand balcon entourant l'étage et pans de bois sur la partie haute du corps principal. Cette villa est terminée en 1897 et inaugurée en grande pompe en 1898. Le professeur Grancher reste une figure mythique pour la ville de Cambo-les-Bains. Arrivé à Cambo en 1892 pour y soigner une pneumonie, il devient conseiller municipal de la ville en 1896, pour ensuite être élu maire de la ville de 1900 à 1905. Grâce à lui, à son aura et à son mécénat, d'importantes réalisations communales furent réalisées à Cambo : agrandissement du cimetière et réfection du mur de clôture, abattoir, téléphone, électricité, hôtel des postes, jardin public, école… Il est également à l'origine de la venue à Cambo du jeune futur académicien Edmond Rostand en 1900, et ce au départ pour des raisons de santé…

Ici : la villa Etchepherdia. Avant que Annie-Enia ne soit terminée en 1932, le docteur Trotot était médecin dans un sanatorium installé justement dans cette villa, de même que dans celle nommée Etchegorria (voir ci-après), qui est la première demeure dans laquelle résidèrent Rostand et sa famille.

Très belle demeure encore, qui porte un beau nom basque : Etchemaitea.

Vue sur la villa Dona-Maria…

… sur la villa Marguerite.

Ce beau chalet porte le prénom de l'impératriceEugénie. Cette dernière et Napoléon III passèrent à Cambo en septembre 1856 pour visiter l'établissement thermal.

Cambo comprenait de nombreuses pensions de famille. Ici, la pension Claverie sur les Allées (en haut) et la pension Saint-Pierre avenue Rostand (en bas). En 1931, le docteur Dieudonné en dénombrait quarante, auxquelles il ajoutait *« 60 villas ou appartements qui peuvent être occupés par des malades… »*. Bien qu'après la seconde guerre mondiale, l'utilisation des antibiotiques ait révolutionné le traitement des maladies tuberculeuses, et que les vertus climatiques de Cambo aient dès lors été moins mises en avant, les pensions de famille ont continué à constituer un complément indispensable aux équipements techniques en vigueur. Les établissements de Cambo-les-Bains, station climatique de plaine, ont pu réaliser en douceur une reconversion afin de devenir des centres de soins compétents en matière pulmonaire et cardiaque (et cela n'aurait pu être le cas si la ville avait été davantage située en altitude).

Autre demeure imposante s'il en est : l'hôtel des Postes, situé au centre des Allées, à côté de Cyrano, qui on l'a vu, servait en 1929 de sanatorium à usage exclusivement féminin. L'hôtel des Postes est à l'origine une initiative de Grancher et, au début du XXe siècle, il était ouvert tous les jours. Les distributions du courrier s'effectuaient trois fois par jour : à 6 heures pour les correspondances originaires de la région et d'Espagne ; à 8 h 45 et à 14 h 30 pour les correspondances de Paris et de l'étranger. Il existait également trois départs de courrier par jour : à 7 heures, à 12 heures et à 17 heures. Un service téléphonique y était également assuré. Un peu plus loin, on pouvait trouver le Cercle de l'Union, situé au-dessus du café des Allées, club privé qui offrait à ses adhérents différentes possibilités de distractions : lecture de journaux, billards et jeux…

Ici, vue splendide sur la grande villa Etchehandia. Située sur le prolongement des Allées sur l'actuelle avenue Rostand, en direction d'Arnaga. Elle demeure l'une des plus belles demeures de Cambo.

Située à l'intersection de la route menant à Espelette, la maison Barbé-Larré faisait office de bureau de tabac et de maison de la presse : on y trouvait des journaux de Paris et de la région, des publications, un rayon librairie et papeterie, des cartes postales et... des sandales. Sa vocation est demeurée. On y trouvait également du café, des vins et des spiritueux, de même que de l'essence et de l'huile pour les quelques automobiles qui, durant la Belle Epoque, circulaient à Cambo. Ici une vue très ancienne de la même demeure Barbé-Larré, qui assurément servait également d'agence de location de villas et de maisons...

Comment appréhender la villégiature à Cambo sans parler de ses clubs ? Nous avons déjà cité le Cercle de l'Union, mais il faut sans conteste se poser, comme les sujets de la photographie, sur les bancs du célèbre Mimosa Club, maison créée sur le plateau d'Elissetchea à l'initiative d'Edmond Rostand et de Pierre Roland-Gosselin.

Un Mimosa Club créé dans le but *« de procurer aux étrangers qui séjournent à Cambo, ainsi qu'aux personnes de la localité, des divertissements et un lieu de réunion… ».*

Le Mimosa Club accueillait parfois des congrès. Ici, sur la photo, nous sommes assurément en présence d'un congrès organisé dans le cadre d'un voyage d'études médicales à Cambo.

Le Mimosa Club disposait d'une salle de lecture, d'une bibliothèque, d'un piano et d'un billard et on pouvait également y jouer au croquet et au tennis. Il est ouvert de 9 heures à 19 heures en hiver (21 heures en été). Pour intégrer le club, une cotisation devait être versée, qui allait de *« 10 francs pour huit jours, à 20 francs pour un mois… et à 60 francs pour un an… »* (*Cambo-Guide* 1923-1924).

Autre club : l'Oasis, fort fréquenté par les grands de la Belle Epoque à Cambo. Une oasis ou un havre de paix que l'on peut encore espérer trouver à Cambo.

Edmond Rostand, on l'a vu, arrive à Cambo en 1900, à l'automne, sur les conseils de son ami le docteur Grancher. Il est au faîte de sa renommée et fort fatigué par les répétitions de *Cyrano* et de *L'Aiglon*. Le poète et toute sa famille décident de s'installer à Etchegorria (la maison rouge). Elu à l'Académie française en 1901, Rostand y écrit son discours de réception qui contient le célèbre passage sur le théâtre et les pêcheurs de la lune (vous chercherez !). Une villa Etchegorria où déjà, il rêvera d'Arnaga…

Située sur la colline située à 1,5 km à l'ouest du bourg, le domaine d'Arnaga s'inscrit vraiment sur le paysage basque comme un poème (pour reprendre une citation de Pierre Espil).
La villa Arnaga fut au Pays basque l'une des premières expériences d'un style architectural nouveau à l'époque : le style néo-basque. Edifiée par Edmond Rostand et par l'architecte parisien Joseph-Albert Tournaire, Arnaga donna lieu à une nouvelle manière de penser, en reprenant les éléments existants et en les exploitant afin de créer une nouvelle identité. Installé à Arnaga en 1905, Edmond Rostand y écrivit *Chantecler*. Il lui a donné pour décor la vallée même de la Nive (on la retrouve !), aisément reconnaissable dans les indications scéniques du 2e acte : *« Ce qu'on voit de là quand le jour est levé/ C'est le vallon. C'est le vallon par un grand V/ Qui n'est pas au Tyrol, qui n'est pas en Bavière/ Qu'on ne trouve qu'en France avec cette rivière./ Et ce je ne sais quoi de noble et d'achevé./ Calme horizon bornant les vœux, mais pas le songe/ Fins peupliers, belle colline qui s'allonge... »*

Edmond Rostand. « *Toi qui viens partager cette lumière blonde,/ Et t'asseoir au festin des horizons changeants,/ N'entre qu'avec ton cœur, n'apporte rien du monde,/ Et ne raconte pas ce qui disent les gens.* » Entrons donc avec notre cœur dans le domaine d'Arnaga…

8
Du côté d'Arnaga

Une demeure et des jardins, telle sera la trace laissée à Cambo-les-Bains par Edmond Rostand, l'académicien illustre et célèbre, l'auteur de *Cyrano de Bergerac*, de *L'Aiglon* et de *Chantecler* ou encore de *La Samaritaine* et de la *Princesse Lointaine*. A l'image d'Edmond Rostand, de nombreux écrivains, poètes, artistes, ont un jour été attirés par Cambo ou la villa d'Edmond Rostand dénommée Arnaga. Pour n'en citer que quelques-uns pêle-mêle : Louis de Robert qui a écrit à Cambo *Le Roman d'un malade*, Anna de Noailles dans la villa Brimborion a consacré au Pays basque des poésies dans *Forces éternelles* et *Exactitudes*. Pablo Tillac en 1921 est arrivé à Cambo pour produire, durant les 50 années de sa vie camboarde, plus de 5 000 œuvres (dessins au crayon, à la plume, aquarelles). Le compositeur espagnol Albéniz arrive au printemps 1909 à Cambo où il a été locataire du chalet Saint-Martin… Léon Blum, madame Raymond Poincaré, Le Bargy, Paul Hervieu, Gabriele d'Annunzio, Coquelin, Jean Richepin, Sarah Bernhardt, Pierre Loti, Louis Labat, fréquentent la demeure Arnaga et le jeune écrivain Paul Faure s'institue l'historien de cette Belle Epoque à Cambo. Un Cambo vu « du côté d'Arnaga », un Cambo où il fait assurément bon vivre, Rostand après s'y être soigné ayant décidé d'y rester. Y rester, oui, mais dans le but de créer une nouvelle grande œuvre, cette fois faite de pierres et de verdures, une nouvelle œuvre entourée de jardins : une demeure à l'image de son créateur, un lieu enchanteur… C'est ce lieu qui nous ouvre maintenant ses portes.

La villa Arnaga a été réalisée en trois années, de 1903 à 1906. Le domaine d'Arnaga constitua pour Rostand la création d'une œuvre à part entière. Il y mit autant de cœur et d'énergie que lors de ses précédents travaux d'écriture. Edmond Rostand, après s'être longtemps promené sur son cheval Zobéïde dans la campagne basque environnante, s'arrêta finalement à la porte des coteaux du domaine d'Oussia, près de la ferme des Trois-Croix et avec l'aide du docteur Juanchuto, le 15 juillet 1902, il concrétisa l'acte d'achat.

A Arnaga, Rostand créa laborieusement *Chantecler* qui fut, du moins à ses débuts, un demi-succès. La pièce était fort attendue après le succès de *Cyrano de Bergerac*. A sa table camboarde, le poète continua à recevoir, même si Arnaga a été construit afin d'être pour lui un havre de paix, de grands acteurs de l'époque, comme Le Bargy ou Coquelin, des invités illustres : Paul Hervieu, Henri Bauer, Sarah Bernhardt ou Anna de Noailles (pour n'en citer que quelques-uns), ou des personnalités locales comme le professeur Grancher seront au rang de ses invités.

En arrivant et faisant face à la maison, on découvre une grande pergola en forme d'arc, derrière laquelle se profilent les monts Ursuya et Baïgura, même si ici on ne le voit pas, qui est la fidèle copie de celle de Schönbrunn où Rostand s'était rendu alors qu'il écrivait *L'Aiglon*. Partant du bassin de la pergola, on trouve une pièce d'eau allongée, un canal sur lequel le poète et ses familles en barque aimaient flâner.

La réalisation des bâtiments et des jardins est confiée au jeune architecte parisien Joseph Tournaire, qui n'a de cesse de devoir composer avec son exigeant commanditaire. Alors que le chantier est encore en cours, Rostand conçoit la partie ouest du jardin, constituée de parterres et de bassins. Il décide ensuite de la construction du canal et de la grande pergola qui ferme la perspective vers l'est.

A Arnaga, Edmond Rostand écrit *Chantecler*, directement inspiré de ses promenades et de l'observation de la basse-cour de la ferme Miremont. Edmond Rostand était à l'écoute du Pays basque, *« de ses bruits et de ses silences, de sa vie et de son sommeil »* (Paul Faure).

Edmond Rostand passa de nombreuses années à Arnaga, déjouant ainsi les fastes de la vie parisienne. De 1910 à 1914 particulièrement, il en acheva les jardins, leur donnant toute leur splendeur avec la plantation de buis, de genêts, de lauriers roses ou encore d'hortensias…

Une large allée transversale relie l'orangerie en pierres de taille à un treillage dont les trois arcs encadraient les bustes de trois écrivains illustrés de trois phrases tirées de leurs œuvres respectives : Shakespeare avec « ... *elements so mix'in him* » (tous les éléments sont mixés en lui), Hugo avec « *Et tranquille, il prit la grande lyre...* » et Cervantès avec « *Dios sabe si hay Dulcinea o no en el mundo...* » (Dieu sait s'il y a une dulcinée dans le monde ou non).

Dans ce jardin évoluaient, du temps de Rostand, 300 pigeons blancs, des paons bleus, d'autres blancs, et des cygnes qui, à l'image de celui-ci, glissaient sur l'eau des bassins avec ravissement...

14 CAMBO. - « Arnaga », Maison d'Edmond Rostand. - Vue générale. - LL

Les jardins furent dessinés par Edmond Rostand lui-même, qui consulta pour son inspiration des centaines d'ouvrages sur le sujet. Trop impatient de les voir pousser, et désireux de donner rapidement une belle image à ses projets jardiniers, il acheta des tilleuls vieux d'une quinzaine d'années, jusqu'alors plantés dans le champ du presbytère voisin !

Phototypie Marcel Delboy, Bordeaux
205. - CAMBO (B.-P.). — Maison Rostand à Arnaga. - La Pièce d'eau M. D.

Edmond Rostand achète le terrain en 1902, qui était en fait, au départ, une lande située près d'un ruisseau qui porte le nom d'Arraga (l'eau sur les pierres). Ce nom fut à la source de l'inspiration du poète quant au nom donné à sa future grande demeure (il changera un « r » en « n »). Ici, la façade principale de la demeure et la pièce d'eau.

Même si la villa Arnaga porte incontestablement la marque du poète, notamment dans sa décoration intérieure, très « parisienne » dans son style de l'époque (avec des créations de Gaston Latouche, Georges Delaw, Hélène Dufau), son architecture extérieure répond aux critères imposés par le style labourdin. De type néo-basque, Arnaga est, comme beaucoup d'autres demeures dans la région et notamment sur la côte, emblématique d'un style fort apprécié en ce début de XXe siècle…

Le site offre de nombreux points de vue saisissants sur les collines alentour, aménagés au détour des chemins avec talent. Ici, plusieurs petites vues de l'ensemble du domaine d'Arnaga, la photographie date du 11 juillet 1909.

Phototypie Marcel Delbov, Bordeaux
205. - CAMBO (B.-P.). — Maison Rostand à Arnaga. - Entrée de la Villa. M. D.

Edmond Rostand déménage à Arnaga avec toute sa famille : son épouse la poète Rosemonde Gérard et ses deux fils, Maurice et Jean, en 1906, dans les odeurs de peinture et dans les plâtres. Il profita de sa demeure une dizaine d'années seulement. Atteint par l'épidémie de la grippe espagnole alors qu'il était monté à la capitale afin de participer aux fêtes de l'Armistice, Edmond Rostand meurt à Paris le 2 décembre 1918, à l'âge de 50 ans.

Phototypie Marcel Debloy, Bordeaux
211. - CAMBO (B.-Pyr.). - Maison Rostand à Arnaga - Rhododendron - M. D.

Cette vue nous mène aux jardins à l'anglaise et nous permet de citer un verset signé Rosemonde Gérard : *« C'est dans ce jardin qu'il entend le bruit des ailes du silence, c'est dans ce jardin qu'il regarde tant de fougères, de fumées, d'ombres, de rayons, de sources, de souvenirs, de saisons et de glycines et qu'il connut des hivers invisibles et des étés qui ne voulaient pas finir. C'est dans ce jardin qu'il laissa traîner tant de rêves… »*

Après le décès d'Edmond Rostand en 1918, Rosemonde Gérard et ses enfants ne tardèrent pas à se dessaisir de la propriété qui, entre le 18 et le 19 juin 1923, devint officiellement la propriété de Francisco de Souza-Costa. Plusieurs propriétaires suivirent, dont les époux Fleichmann, également appelés Francis, qui achetèrent l'intégralité du domaine en 1946. En 1960, la veuve Francis décide de se défaire d'Arnaga pour ne garder que le Moulin, situé en contrebas... La municipalité de l'époque décida de s'en porter acquéreur et d'en faire un musée. Quant au Moulin, il a trouvé un nouveau meunier !

Une page de l'histoire est tournée et aujourd'hui le musée Arnaga demeure à Cambo-les-Bains une destination touristique privilégiée. Après nous y être arrêtés, nous devons son domaine quitter, pour une dernière fois traverser la cité et devant son église à nouveau passer...

… pour tourner notre regard sur le pont de la Nive, située désormais à perte de vue.

La cité de Cambo que l'on perçoit depuis la montagne des Dames.

Un chauffeur nous attend sur son attelage pour à cheval... prendre, pourquoi pas ?... le chemin menant à Itxassou...

De Cambo à Itxassou un pas... Itxassou, situé au pied même des montagnes, forme un des plus jolis villages du Labourd. On y distingue trois quartiers principaux : celui du bourg avec ses maisons aux contrevents verts et rouges alignées le long d'un superbe fronton, le quartier de l'Eglise et le Pas-de-Roland, rendez-vous de tous les touristes de la région. On arrive au Pas-de-Roland par un chemin très étroit fuyant en lacets une gorge des plus resserrées. La Nive effleure de ses eaux écumantes le fameux rocher que Roland, poursuivi par les Vascons, transperça de son épée. A droite et gauche, en un formidable amoncellement de roches, les montagnes exposent leurs flancs inaccessibles, parcourus seulement par de petits torrents tombant en cascades dans la Nive. Au fond, à 500 mêtres de la brèche, quelques maisons forment le quartier de Laxia. Nombreux sont les touristes qui vont encore plus avant dans la vallée le long du ruisseau qui descend entre Hartçamendi et le Montdarrain. Ils arrivent ainsi jusqu'à la cascade des mines où ils ont l'occasion de visiter les galeries souterraines aux minerais de cuivre.

Prenons, une dernière fois, les grandes allées de la ville. Au centre, la maison Haristeya.

Lorsque tu seras vieux et que je serai vieille,
Lorsque mes cheveux blonds seront des cheveux blancs...
C'est vrai nous serons vieux, très vieux, faiblis par l'âge,
Mais plus fort chaque jour je serrerai ta main,
Car, vois-tu, chaque jour je t'aime davantage:
Aujourd'hui plus qu'hier et bien moins que demain !

Pour conclure, et comme je n'étais point inspirée, je propose au promeneur qui, j'ose espérer, n'est pas trop fatigué par cette balade à Cambo au fil de l'eau, une dernière lecture, directement tirée de l'un des nombreux poèmes écrits par l'épouse du poète : Rosemonde Gérard. Une référence à une femme qui préfigure peut-être la création d'un nouvel ouvrage consacré pourquoi pas aux femmes au Pays basque qui dans le passé auront eu un rôle à jouer…
Pour ce faire, ici, en avant-première, un extrait des *Pipeaux*.

Autrefois j'ai rêvé, dans les neiges du nord,
D'un coteau verdoyant au-dessus des prairies,
De jardins étalant leurs terrasses fleuries,
Sous des horizons d'or. Je voyais s'élancer en rejoignant le ciel,
Les chênes rajeunis de superbes allées,
L'oiseau perçait l'air pur de ses chansons ailées,
Dans un parfum de miel. Lorsque le soir tombait d'étoiles pailleté,
Dans le ravin profond, s'écoulait une eau vive.
Au murmure incessant d'une lointaine rive,
Mon cœur s'est enchanté. Ce n'est plus à présent dans un songe imprécis,
Que je vous entrevois, palmiers de la terrasse,
Mon regard vous étreint, mon regard vous embrasse,
Et je pourrais aussi, chênes des longs chemins, grands chênes vous toucher ;
Vous êtes devant moi, maisons étincelantes ;
J'écoute s'envoler dans l'air, graves et lentes,
Les voix du vieux clocher. Je pourrais voir encore cerclant les horizons,
Selon l'heure et le jour différemment teintée,
La montagne, et la nuit une écharpe jetée,
Aux multiples rayons. Je vous portais en moi, dans mes yeux éblouis,
Image de Cambo, terre des Pyrénées,
Où tout me retient, où je suis née[1]*,*
Qui est mon pays.[2] »

1. Extrait des *Poèmes : le chant du Pays basque*, de Lucie Delattre.
2. Je me suis permise de changer les deux dernières lignes. La création originale contenait un sens opposé !

Postface

Maryse Ascarain-Liciaga, Belxa pour ses amis choisis, vit au château Arnaga, ce fleuron de Cambo où flotte encore l'esprit des fantômes que l'on peut voir, certains soirs, se faufiler dans les allées tracées par Edmond Rostand et entre les murs édifiés par Maurice Tournaire.

Sur la prairie ensoleillée où habitent les kakamerlos, si près des berges de la Nive, comment Belxa pouvait-elle ne pas taquiner la muse ? Enigmatique quand elle n'est pas troublante, Belxa cultive le mystère. Elle dit, elle dit beaucoup quand elle se délivre, mais jamais l'essentiel et c'est là son talent : elle laisse une part de rêverie, de réflexion à son interlocuteur ou à son lecteur perplexe.

Je pouvais me douter que Belxa (ce bon bec) éveillée chaque aurore par les cocoricos de Chantecler, se dresserait un jour sur ses ergots, prenant la plume pour écrire sur cette ville verdoyante, privilégiée de la nature, cette ville qu'elle traverse quotidiennement pour en savourer les endroits.

Elle entend ainsi nous faire participer à ses promenades. Qui l'aime la suive au pied de l'église paroissiale Saint-Laurent (fierté des Camboards) et scrute, depuis le plateau qui sert de parvis à l'église, la vallée de la sinueuse Nive avec, en toile de fond, le mont Ursuya.

Pour que chacun constate que cette ville palpite, Belxa veut nous faire prendre le pouls du Vieux-Cambo : son cœur, si proche de la côte, bat à l'unisson. Comment en serait-il autrement avec cet air pur et toni-sédatif que de l'autre bout du monde l'on vient respirer à pleins poumons ?

Suit une analyse attentive du sang qui circule dans les artères de Cambo (les eaux thermales) on devrait dire les eaux miracles, puissantes et salutaires, tant les souffrants sont retournés en leur pays soulagés de leurs misères de santé.

Cambo, ce corps reconnu sain par l'éminent professeur Grancher, ne pouvait que montrer son bon et beau visage si chic et même si « Chiquito » !

La solidité de ce fil conducteur que Belxa a choisi ne tient pas qu'à un fil, fût-il de fer, aussi comme le dit la sagesse labourdine : *« A toile ourdie, Dieu envoie le fil. »*[1]

Merci Maryse, esprit sain dans un corsage, sur terre et sur l'onde, nous te suivons. »

Paul Azoulay
Ecrivain, journaliste

1. Dieu aide à finir celui qui a commencé l'ouvrage... Cambo

Vue sur le Montdarrain et idée d'ascension à la clé (altitude 750 m). Une excursion qui peut se faire à pied (ou à cheval), en 2 heures et demie, soit par le village d'Itxassou, soit par celui d'Espelette. Le sommet est formé par une plate-forme en ruine que l'on dit être celle d'une forteresse romaine. Bien que taillé en pain de sucre, le Montdarrain offre, sur ses larges flancs, des sentiers qui permettent de monter jusqu'au dessus des rochers dont il est couronné. Sur une bonne partie de parcours on chemine au milieu d'une abondance de chênes, de châtaigniers et de noyers ; puis la montée devient plus abrupte, les arbres font défaut et sont remplacés par de vastes nappes de fougères qui couvrent les flancs de la montagne. Arrivée sur la crête, la vue s'étend sur le golfe de Gascogne, depuis l'embouchure de la Bidassoa jusqu'au Bassin d'Arcachon. Bayonne, Orthez, Pau paraissent parfois sous un ciel sans nuages, ainsi que les hauteurs du Béarn et les pics neigeux de la chaîne pyrénéenne.

Au fil du temps, l'image de Cambo s'est quelque peu modifiée, embellie, étoffée. Mais il lui arrive de temps en temps de rester les pieds dans l'eau ! Fin du voyage camboard au fil de l'eau.

Bibliographie

Cambo-les-Bains, ses eaux minérales, docteur Dotézac, Imprimeries A. Lamaignère, 1879.
Le Cambo climatérique illustré, édité en son temps par l'Agence Marchand, 1913.
Les Eaux minérales, Cambo-Ura..., docteur Clément Urrutibéhéty, Gure Herria, 1968.
Le Pays basque, Eugène Goyenetche, Société nouvelle d'édition régionale et de diffusion, 1979.
Le Chant du Pays basque (extraits), Lucy Delattre, *le Courrier de Bayonne*, date inconnue (le petit recueil était vendu au profit des « malades nécessiteux des sanas de Cambo-les-Bains »).
Cambo, Histoire-Thermalisme-Climatisme, Société des sciences, lettres et arts de Bayonne, 1988.
Les Fagalde, Marcel Douyrou, Cercle généalogique du Pays basque et bas Adour, 1996.
Cambo, Arnaga, Rostand, Guy Dureau, Editions Lavielle, 1999.
Le Dictionnaire thématique de culture et civilisation basques, Editions Pimientos, 2001.

Tous les documents illustrés et photographies qui ont servi à illustrer le présent ouvrage appartiennent à Jean Duhau. Certains commentaires sont tirés d'écrits réalisés par l'auteur à l'occasion de différentes manifestations et productions d'ordre journalistique, culturel ou littéraire...

Remerciements

Mes sincères remerciements tout d'abord à Jean Duhau, du Bas-Cambo, historien et collectionneur local passionné, sans qui cet ouvrage n'aurait pu être illustré, ni d'ailleurs être créé.
Mes chaleureux remerciements également à Vincent Bru, maire de Cambo-les-Bains, qui a très gentiment accepté de préfacer cet ouvrage, en priorité bien entendu destiné à tous les Camboards.
Merci aussi dans la même mesure à l'écrivain et journaliste Paul Azoulay qui, dans sa postface, m'a une nouvelle fois réitéré son amitié.
Merci enfin aux acteurs de la vie municipale, touristique, sociale, culturelle de Cambo qui m'ont soutenu ou qui me soutiendront sans nul doute dans ma création.
Les photos de couverture sont signées Jean Bouthemy, ancien photographe de Cambo.
Et surtout : un grand merci à tous mes « fans » et amis !